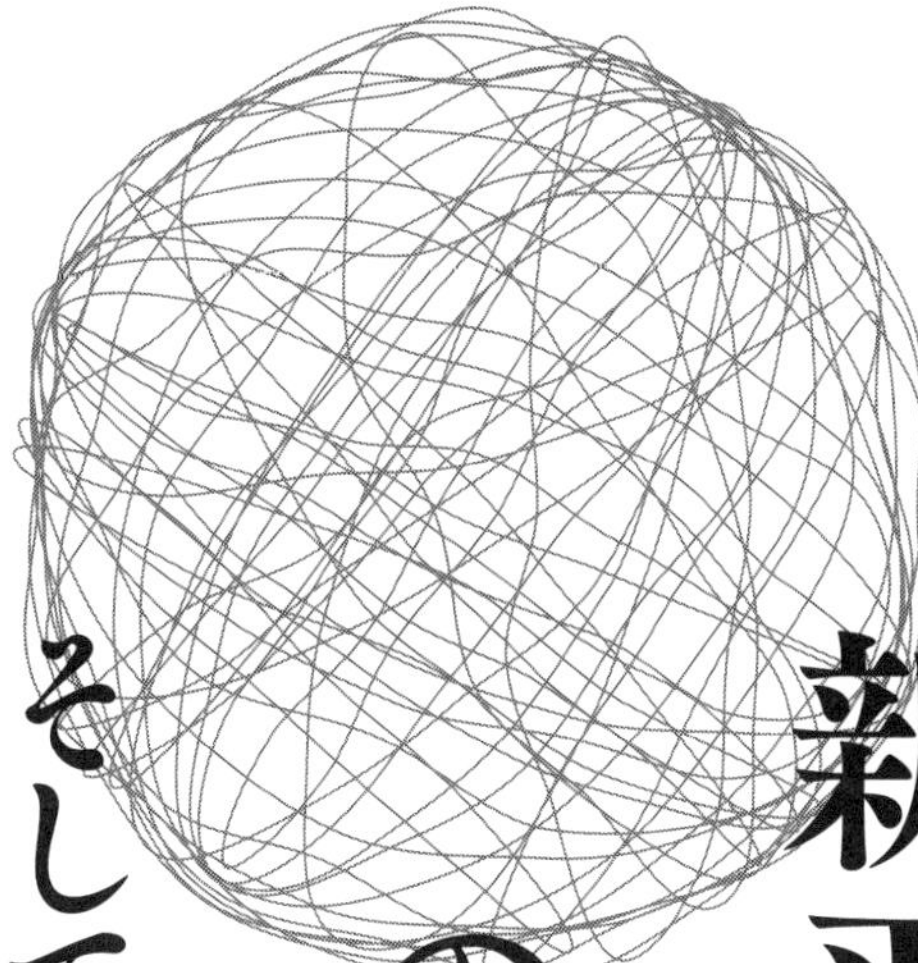

新平和憲法のすすめ

そして日本はどこへ

英 正道
hanabusa masamichi

草思社

新平和憲法のすすめ――そして日本はどこへ／目次

第三章　二つの「罠」を避けつつ憲法改正へ　125

Ｐ１６８、Ｐ１９４、Ｐ２４７の写真は産経新聞社提供です。

新平和憲法のすすめ——そして日本はどこへ

はじめに

いま日本で音もなく崩れているものがある。町にデモが荒れるでもなし、国旗がはためくのでもなし、表面的には日本社会において世代を貫く継承が行われているように見えるが、気づかないうちに巨大な変化が確実に起こり始めている。崩れているのは戦後の虚構ともいうべきものであり、その崩壊のあとに何が現れるかはまだ誰も予測できない。

戦後の半世紀は、日本の歴史に類例を見ない技術進歩と富裕化の時代だったと総括できる。この成功物語を作りだした基本的な背景は、米国の庇護の下の平和と国際的な自由貿易の二つである。もちろん戦後の日本人は懸命に働いた。その努力の結果として今日の繁栄がある。それにもかかわらず、私がこの成功をあえて「虚構」と呼ぶのは、日本人が自力でその成功を達成したのではなく、信じられないほどの幸運に恵まれた結果だと思うからである。

日本が廃墟の中から驚異的な経済発展を遂げることができたのは、日本にとって恵まれた国際環境に加えて、マッカーサーの農地改革、財閥解体等の過激な制度改革が日本を活性化したことと、占領軍が低コストですむ日本の間接統治のために温存した官僚制度が見事に機能したことによる。しかし官僚支配と結びついて永続した戦後の諸制度は、しだいに綻びを露呈し、九〇年代に入り不動産バブルが弾けて財政が破綻したため、機能不全に陥った。また国際的に北朝鮮からの脅威と中国の軍事的な台頭、米国の均衡を失した中東諸政策の帰結と言える「テロとの戦い」が、日本の平和と安全を守る現在の仕組みに疑念を生じさせている。他人任せでは日本の安全は確保できないかもしれないという不安が頭を持ち上げてきている。

日本人にとり戦後は完全に終わり、「あの戦争」は歴史となりつつある。ただあらゆる意味で二一世紀の日本は漂流を続けている。国民の間には、心地よい戦後の体制をこのまま維持することは無理だし、またそうすべきでないという気持ちも年を追って強まっている。困ったことに、同時に政治家、学者、ジャーナリスト、官僚、企業など、あらゆるものが権威を喪失して、国民は白け切り、「何を信じたらよいか」という疑念が生まれ始めている。

そんな中でイラクへ侵攻し、サダム体制を打倒したブッシュ（息子）大統領は「かつて日本にしたような良い変革を」イラクでも実現するのだと公言した。多くの日本人はこの発言に嫌悪感を持った。イラクとの戦いを十字軍と呼ぶほどの知性の低い人物の発言だけに、戦後のアメリカによる日本の「体制変革」の真の姿を素直に明らかにしたという側面は見逃せない。占領下の徹底した検閲と「戦争責任植え付け」政策によって、その昔、江藤淳が、外から中は見えるガラス張りだが、中からは外が見えない鏡の部屋に閉じ込められた日本人が与えられた現行憲法と呼んだものの正体が、すべての日本人の眼に露わになった瞬間でもあった。戦後アメリカが日本で行ったことが、批判の眼で見られるようになった。つまりいわゆる「マッカーサーの呪縛」が解けたのである。一国主義、武断主義のアメリカへの強い危惧の念が生まれ、日本人は自らの手でその将来を築かなければならないという真剣な気持ちがしだいに強くなっている。オバマ政権になり、米国は国内の厭戦気分から、海外への介入を避けるようになり、逆に世界を不安に陥れている。しかし最近の「イスラム国」の誕生は、さすがのオバマ政権にとっても黙視できないものとなった。だが今やレームダック化したオバマ大統領に何ができるか大きな不安定要素が出て来た。アメリカが中東に再介入することとなれば、単独行動を避けようとするであろうから、世界は再びアメリカに振り回されるかもしれない。

昭和時代が終わったのと時を同じくして始まった「失われた二〇年」と呼ばれる日本の景気後退は、輝かしい日本の成功神話を打ち砕き、日本人を自信喪失に追い込んだ。政治指導者が「改革」を標榜し始め、日本人に最も不足していた変化を受け入れる気持ちもしだいに高まっている。その結果、官僚依存体質からの脱却の必要性も認識され、日本の政治において二度にわたり選挙を通じて政権の交代も実現した。最近の世論調査は、長らくタブーに近かった憲法改正が過半を超える国民の支持するところとなったことを明らかにしている。

「マッカーサーの呪縛」から解放され、戦後の成功が永続性を持たないと知った日本人は、これからどのように自己認識を構築し、どのような国を目指し、世界でいかに生きてゆくかを真剣に模索しなければならない。世界情勢はますます厳しくなり、他力本願は不可能で、この流れを止めることはできないであろう。否応なく迫り来る少子化の帰結である人口減少への対応の必要性は、社会のあらゆる側面において起こり、遠くない将来、社会の推進力である経済基盤にも決定的な影響を及ぼすだろう。
黒船の来航により開国した幕末の日本、戦後の廃墟から立ち上がった日本と現在の日本の間には新規蒔き直しの必要性という類似点もあるが、違いもある。決定的な違いは、世界中を見渡しても、教訓を得るべき安易なモデルはもはや存在しないということである。高い国民の教育・知識レベルは強い批判精神を育て、世界に真似るべき立派な国は存在しないことをも明らかにしてしまった。反面「追いつけ、追い越せ」の一五〇年の時の経過は、少なくとも物質面では日本に世界でも最も高い生活水準をもたらした。日本人はもはや目じりを吊り上げて前を走るランナーをひたすら追いかける立場ではなく、先頭集団に属し、後ろからひたひたと迫るランナーを意識する追われる立場に身を置いている。つまり日本は「持てる成熟国家」へと変貌し、ある意味では世界に先駆けた新しい問題に直面しているのかもしれない。

現在の憲法が生まれた時代から七〇年近くが経過して世界も日本も様変わりした。日本人の価値観も大きな変化を遂げている。敗戦後の日本に新しい指針を与えた現行憲法は、時代の変化に即応しない点が目立って来て、国民も憲法を改めることに従来のような心理的な抵抗が減って来ていると思われる。人生でも六〇年というのは還暦と言われ、一回りの一生が終わり、次の出発点に立つという誠にお目出度い時の経過である。現行憲法も還暦を過ぎた現在、見直してよい時期が来て久しいと思う。私は国民の多くが憲法改正を漠然と望んでいるのに、政治家が実現の見込みの乏しい主張をすることによってむしろ改正が進まなくなり、結果として「超法規的解決」とか「解釈改憲」が行われるのはよくないと考えている。このようなやり方は倫理の頽廃（モラル・ハザード）を招くし、何よりも世界から日本を見た時に透明度が欠如していて信頼を得られないことを恐れる。どうしたら還暦を遥かに超えた現行憲法を、二一世紀の厳しい国際環境の中で、国際社会の理解を得つつ、日本人に新たな希望を与えるものに改めていくことができるかをぜひ皆で一緒に考えていきたいと思う。

相当に白けた気持ちを持つ若い人たちが「なぜそんなことに意味があるのか？」と考えるのも理解しうる。この本がそういう人たちの誠にもっともな質問にいくらかは答えることができれば幸いである。

以下に簡単に本著の内容を要約しておく。

第一章「いま日本はどこにいるのか」は、現行憲法のもとでこの七〇年間に日本に起こったことを総括する。国民主権、象徴天皇制、民主主義、基本的人権の尊重、平和主義は定着したが、官僚支配が民主主義を危うくし、日本では国意識の希薄化、「幸福のパラドックス」、社会道徳の低下等々の問題が起こっている。今の日本は七〇年前同様の方向感の喪失に直面していると指摘する。

第二章「新平和憲法で新しい指針を」では、現行憲法が果たした役割は正当に評価すべきであるが、日本は一度も主権者である国民が国の基本法規である憲法に意思表示を行っておらず、正統性が確立していないこと、日本らしさを喪失していること、日本も平和愛好国であることを明確にすべきこと等が大きな問題であるので、憲法改正により新しい指針を示す必要があると論じる。

第三章「二つの『罠』を避けつつ憲法改正へ」では、第九条改正への固執が憲法改正ができなかったことの大きな理由であったとの認識から、困難な問題は世論の成熟を待ち、当面可能な点から段階的に憲法を改正するのが適当であると主張する。独立回復時と冷戦終了の二度にわたり改正の機会を逸した日本にとり、二〇二〇年の東京オリンピック・パラリンピックの開催が、おそらく最後の三度目の機会となると思われるので、今後四、五年の間に改正を実現するのが賢明である。同時に東アジア諸国の伝統的な警戒的な日本観の存在と米中間の微妙な協力関係から、日本の正当な憲法改正が謀略に晒され、危険視される懸念を強く指摘する。筆者は「全面改正の罠」と「謀略の罠」を回避しつつ、まず前文の改正で日本が戦後の民主主義、平和主義を守りつつ「国のかたち」を明らかにして、国家の正統性を確立することが望ましいと結論する。

次の第四章「何を新前文に書くのか」で、筆者は新前文には日本文化と伝統、主権在民、民主主義、人権尊重、地球社会の中の日本に必要な相互依存認識、文化多元主義、平和の至高性と国際協調の五点を盛り込むことを提唱している。本章の終わりに筆者の前文試案が具体的に示されている。全文の試案を含めこの章は筆者が二〇〇一年に出版した『君は自分の国をつくれるか　憲法前文試案』(小学館文庫)から多く引用している。

最後の第五章「そして日本はどこへ――二〇三〇年の日本」は、本書のデザートのような知的遊戯である。二〇二〇年のオリンピックを控えて、二〇一X年に史上初めて国民の手による憲法の改正が行われ、新しい憲法の前文を持つことになった日本に、どんな「良い循環」が次々に起こり、二〇三〇年の日本がどんな国になっているかについて著者の描く未来物語である。

本著で述べられている意見はすべて筆者の責任であるが、引用文献以外にも数多くの先人の著書から学んでいる。ここに深く感謝申し上げる。また本著の出版に際しては、構成や内容についての多くの先輩や同僚のアドヴァイスを頂いたが、中でも板垣哲史氏からは貴重な示唆を頂いた。併せて深くお礼申し上げたい。

英　正道

第一章　いま日本はどこにいるのか

七〇年の時の経過

私は「あの戦争」が終わった時には小学校の六年生だった。その年一九四五年一二月の寒い冬の日に、疎開先の信州から家財道具を積んだトラックの助手席に乗って碓氷峠を下り、戸田橋で荒川を渡って東京に戻った世代の人間である。東京は見渡す限り焼け野が原で、赤茶けたトタン屋根の掘建て小屋にぼろをまとった人が住んでいた。一年半の牧歌的ともいえる田舎での疎開生活から一転して、変わり果てた東京を見たこの時の衝撃は、私の終生忘れえない原体験である。しかし、私よりほんの少し上の世代のものは戦場に散っているし、同世代でも銃撃を受けたり、戦火に追われているから、この程度の体験は「あの戦争」で日本が受けた惨禍とはほど遠いものである。それでも私の人生のスタートは、ほとんどすべての都市、生産施設、交通インフラが米軍の爆撃によって完膚なきまでに徹底的に破壊され、経済的な困窮、自信の喪失、価値観の激変そして将来への不安に満ちた日本で始まったのである。

あれから七〇年近い年月が経っている。私が外交官として働いた四〇年間は、日本はナンバーワンとまで言われる経済発展を遂げ、戦勝国アメリカに脅威を与える存在と見られた時代である。しかし、冷戦が終わり、槿花一朝《きんかいっちょう》の夢のように日本経済のバブルが弾けてから、日本は自信喪失に陥り、国際的な存在感を失ってしまった。

眼を日本の国内に転じてみれば、現在の日本社会は奇妙な落ち着きを示している。馬鹿騒ぎをする若者も少なく、元気なのはレストランで大声で話をしている若い女性のグループぐらいのものである。市民の生活の中には熱狂とか生気を示すものは少ない。テレビには料理と旅行の番組が溢れている。洗濯情報から花粉情報まで至れり尽くせりの気象情報が氾濫している。不思議なのは公共テレビが、朝夕のプライムタイムに米国の大リーグの野球、バスケット試合、海外のサッカー試合を放送していることである。数チャンネルで韓流《はんりゅう》映画がいつも流れている。誠に太平天国なこの日本は、かつて世界の大部分を相手に狂信的な大戦争を戦い、敗戦後は驚異的な経済成長で世界を驚かせた同じ国民かと信じられない思いがするのは私だけではないだろう。

多くの家はモノに溢れ、モノを捨てる技術の本が書店の棚を賑わす。電気、水道のライフラインは全国に行き渡り、災害時にその途絶が大ニュースになる。停電はなく、起こればこれがニュースとなる。交通インフラは充実し、利便性に富み、電車、バスは定時に運行されている。流通インフラも充実し、整備され、全国各地の物産が国内を大型トラックで一日で行き渡る。医療、介護制度も一層の充実が叫ばれるが、全国民に遍《あまね》く行き渡っている。街は安全で清潔で海外からの旅行客を驚かせる。タクシーの中に忘れ物をしてもほとんど戻って来る。もちろん経済的に困窮している弱者もいるし、数は少ないながらホームレスの数はしだいに増加していると言われる。しかし失業率は低く、３Ｋと言われる現業、すなわちキツく、汚く、危険な仕事を避けなければ、仕事は存在する。

ただ多くの人は子供や孫の世代がこのような生活を今後も続けていけるだろうかと心配している。日本社会は成熟した資本主義の最終段階にあり、経済成長期の貯蓄と海外投資からの収益で、辛うじてこの高い生活水準を維持している。高齢化は容赦なく進行しているし、出生率の劇的な低下に伴う人口の減少傾向も避けられない。生産設備は海外に大規模に移転し、高品質の日本製品も、日本国内で作られるのではなく、海外の日本企業で生産される。メイド・イン・ジャパンでなくメイド・バイ・ジャパンになっていると言われる所以である。成長率も長期的な減少傾向を辿り、経済の論理に従って、日本はかつて英国やフランス等の辿った道を歩んでいるのであるが、同じように衰退を始めた欧州の旧植民大国がヨーロッパ統合に活路を見出したような展開は見込まれない。先行きへの不安はこの国の地平を暗く覆っている。だから日本人の幸福感は、意外にも、もっと生活の苦しい国の人々に比して低いようである。日本はどうしたら先進国病から逃れることができるか、目下その処方箋を模索している段階である。

方向感を喪失した戦後と現在

私は社会の方向性の喪失という点で、現在の日本と敗戦後の日本との間には共通するものがあるのではないかと考えた。私はこの章を書くにあたって現在の憲法が誕生した頃の日本を描いた米国の歴史家ジョン・ダワーの名著『敗北を抱きしめて』をよく再読してみた。勝者の目からも敗者の目からもなるべく客観的に起こったことを書き残すというこの著者のピューリッツァー賞受賞作は読み応えがあった。さらに私は戦中と戦後期の日本を追体験すべく、清沢洌《きよし》の『暗黒日記』、宮本百合子の『播州平野』、永井隆の『この子を残して』、尾崎秀実《ほつみ》『愛情は降る星の如く』などの本も読んでみた。戦時中政府から距離をおいて史家として戦後にこの

B29と富士山、1945年（IZU PHOTO MUSEUM蔵）

時期の日本の歴史を書こうという意図で、突き放した立場から清沢洌が集めた戦中見聞記録、長崎の原爆体験を敬虔なキリスト者として綴った永井隆の想い、国家に反逆しつつ愛国者であると信じていたスパイ尾崎秀実の獄中書簡等は今読み返すと多くの発見に満ちていた。家族のために必死に生きていた両親の背中以外に、戦中と戦後の大混乱期を十分に体感していない私にとっては、生身の人間の心象を感じさせるという意味で、歴史書を読むのとも、小説を読むのとも異なる貴重な経験であった。この本の執筆に当たり、私は政治的な立場でも学問の立場でもなく、外交官として客観的に任国を観察するという経験の上に、日本をできるだけ客観的に観察して、感じたままを述べたつもりである。

さて「あの戦争」が七〇年前の日本にもたらした物理的な荒廃と精神的な混乱は今や遠

2015年の東京（皇居とビル群）

い過去となっている。復興と経済成長に向けてガムシャラに働いた私たちの時代も、今や一〇代、二〇代の若い人たちには、昭和時代としてノスタルジアの対象となっている。この章の冒頭に述べた今の平穏な日本の姿は、疾風怒濤時代の日本の近過去の姿とは隔絶している。

明日は今日より、明後日は明日よりも良いだろうという明るい将来像は消え失せたが、日本人は心地よい平和と繁栄の中で、どことはなしに漂流しているのではないか。社会が複雑化して、自らの運命を自分の手で築きうるという楽観主義の余地は、個人の側にも政府の側にも希薄である。私は、現在日本は、戦後の時期と同様に、その座標軸と方向性を失っていると強く感じている。私の心の中で「このままでよいのだろうか」という問い掛けが日増しに強くなっている。

私はまず敗戦から現在までの七〇年という長い時の経過の中で、日本にどんな変化が起こったかを私なりに総括してみることから始めることにした。テーマの選択と判断については私の個人的な考えを述べたもので、事実についても誤認や理解不足もあろうし、取り上げるべきテーマも他にあるだろうが、これらの点については読者のご指摘を待ってさらに改善を図っていきたい。

1　国家観――否定的な国家観の定着

現行憲法の下での七〇年近くの間に、戦前と比べて際立って変わったのは、日本人の国に対する意識であった。国家主義のもたらした膨大な人命と資産の喪失という犠牲は、国民に軍事的なことを避けるという気持ちと国家、国旗、国歌に対するアレルギー感情を生み出した。新しい憲法の下で、日本が踏み出した民主主義の路線は、個人の至高性を謳っていたので、結果的に国民の側に、国家への帰属意識の喪失や不信感を生み出した。今の若者には戦時中の国家への「滅私奉公」などのモットーは完全に理解不能であろう。

この国家への幻滅感をよく表していると評判になった寺山修司の短歌はすでに一九五七年に書かれている。

マッチ擦るつかのま海に霧深し　身捨つるほどの祖国はありや

この短歌は日露戦争中旅順攻撃に召集された弟を思う、戦争反対で評判になった与謝野晶子の詩「あゝをとうとよ　君を泣く　君死にたまふことなかれ」の家族愛に立脚した反戦思想とは異なる。寺山の短歌には虚無的な国家への不信感が漂っている。ケネディ大統領の就任演説で「国が君に何をするのかでなく、君が国に何ができるか」と問いかけたことは日本でも評判になったが、レトリックの素晴らしさに感心することはあっても、日本人も同じように考えたいという発想は生まれなかったように思う。国のために献身するという気持ちは極端に薄れている。集団的自衛権の部分的な容認が徴兵制に繋がるという短絡的なデマゴギーに眉を顰める人はいても、徴兵制度は悪であると考えるのはおかしいという反論は「右」世界からも出ていない。スイスのごとく平和に徹せよという意見はあっても、スイス人が国民皆兵で国を守る姿勢をとっていることは無視されている。平和主義者の政党党首が反戦を至高の理想とし、「攻められても戦いません」と明言するのは、根底に国家即ち悪という、国家についての否定的な心情が感じられる。

学校の先生たちのある者は、今でも入学式等の式典で国家「君が代」を歌うことを拒否する。祝日に国旗を家の門に立てる風習はほぼ完全に消え去った。日本の街頭で最も見かける国旗は、イタリアン・レストランの掲げる緑、白、赤の三色旗である。それでも国技と言われる相撲の表彰式に君が代が歌われ、平均的な日本人は、オリンピックで日本人選手が優勝して君が代が歌われると嬉しくなる。サッカーの試合では若者が「頑張れ日本」コールを叫ぶ。スポーツの分野では外面的には国家帰属感情の表出は諸外国と変わらないようになっている。

日本では戦後教育において左翼的な日教組の影響力が強く、学生は義務教育段階で戦時中の日本の非行を強く教えられ、自分の国について否定的な印象を、心のうちで育て持っているという特殊事情が無視できない。近現代史の授業も多くの高校では実質的にスキップされていると言われる。成人も含め日本国民の多くのものは、多かれ少なかれ、日本は悪い国であったという否定的なイメージを刷り込まれている。このことの深刻性は欧米諸国ではあまり認識されていない。日本政府が教科書の中の行き過ぎた否定的な日本の姿を是正しようとする努力は、逆に中国、韓国からは歴史修正主義として非難された。教科書内容についても外交圧力があり、時の政府の対応が「論争を避けて歩み寄る」というきわめて日本的なものだったので、事態を一層複雑化させてしまった。

日本は悪いことをした国という自意識を植え付けられて、日本人の意識は日本人であることに誇りを持つことができず、むしろ無国籍的（コスモポリタン）になった。無国籍で日本性が完全に欠落している日本国憲法前文は、こういう歪んだ状況の是正にはまったく役立っていない。日本の平和主義は、日本国民に世界各地で起きていることに傍観者の立場をとらせる結果を生んだ。日本が平和主義から傍観している間に、近隣アジアでは朝鮮戦争、ベトナム戦争、中印紛争、中国のベトナム懲罰戦争が起こっている。国家内の民族間の争いが、国家を分裂させたり、国境を越えた悲劇を生み出したりしている。宗教や民族を基礎にする国家の再編成の激しい軍事的な対立が中東、アフリカでの無政府状態に近い混乱を生み出している。国連の限界も見えて来て、平和愛好国が国連の場で意見を集約させ、戦争や民族浄化を防止することができるという幻想をまともに信じる日本国民は今や皆無であろう。

敗戦後長い間国民の間には平和主義と軍事アレルギーがきわめて強かったが、さりとてアメリカがいつまでも丸腰の日本を守ってくれるということはありえず、必要性から日本は防衛力を持つようになった。この流れを少し追ってみよう。

防衛意識の変化

一九四六年一一月に公布された現行憲法は、前文と第九条を合わせて素直に読めば、日本は一切の武力を保持しない丸腰国家となり、平和を愛する諸国民の公正と信義に信頼して、その安全と生存を保つという、いわば絶対的な平和主義の立場に立っていた。そこには日本に再び戦争を起こさせないという米国の強い意志が反映されていた。国際法上、外交や防衛を他国に委ねた国は保護国と言われる。日本はそのままで行けば、平和愛好国である米国の一種の保護国となるべき運命であった。

しかし、そのようなことにならなかったのは、一口に言えば、そのような国を容認できるほど、世界が進んだものではなかったということであろう。七年の占領下で日本が国家改造にとりかかっていた時期に、世界では米ソの間の冷戦がしだいに激化し[1]、近隣地域では一九五〇年六月には朝鮮戦争が勃発した。

戦力不保持を規定する第九条二項の冒頭には「前項の目的を達成するため」という文言がある。これが有名な「芦田修正」で、四六年二月に占領軍側から提示のあった原案を日本側の憲法改正小委員会で審議中の同年八月に、芦田委員長が追加した条項である。この条項により、第九条一項で、一九二八年のパリ条約と同様に「国際紛争を解決する手段として、戦争と武力による威嚇と行使を放棄」してはいるが、自衛のための戦争と国連憲章下の平和維持軍への参加は否定していないこととなっている。

冷戦の開始で対日政策を根本的に変更した米国は、朝鮮戦争に日本占領軍を出動させて、日本の警備が手薄になったので、日本に警察を補完し、反乱の鎮圧目的の軍事力の増強を求め、一九五〇年八月に警察予備隊が置かれることになった。これは実質的な再軍備で、警察予備隊は、幾度か名前を変えながら、これが現在の自衛隊に繋がる。一九五一年九月にサンフランシスコ平和条約が締結され、同時に日米安全保障条約が結ばれ、米国は沖縄を主に日本国内に多数の基地を引き続き使用できることとなった。米軍が日本の防衛に当たり、日本を核兵器の雨から守るのは日米同盟による「核の傘」の抑止力という体制ができ上がった。この基本的な姿は今日に至るまで続いている。このことを素直に見れば平和が維持されたのは、第九条を有する「平和憲法」があるからではなく、第九条があるにもかかわらず、自衛隊と日米同盟が存在したためであったことは明白である。ただこの仕組みの中で日本人が血を流さないですんだということは事実である。誰でも血を流すのは嫌だが、それを至上命題とするなら、お人好しの国に併合されるか、完全な保護国になるという選択もあろう。しかし人口一億人を超す大きな国を保護するお人好し国家は絶対にないであろう。もしあったとすれば膨大な反対給付を求められるのは明らかである。

憲法の規定にかかわらず、日本が実質的な軍隊を持ち、同盟関係を持ち、国際的な安全保障体制に参加することとなったのは、国際関係論の立場から見れば至極当然で、逆にそれ以外の選択はありえなかったのである。そのために日本は米軍基地の存在を甘受し、基地の維持費を負担し、米国の方針を支援するために湾岸戦争に見るような巨額の資金の提供やカンボジア、ペルシャ湾、イラク等への非戦闘要員を派遣する負担分担をした。

自衛のためや国際的な平和維持のために「血を流す」ことについては、きわめて重い政治判断が要求される。同じ敗戦国で分割統治されたドイツが統一されて、今やアフガニスタンの平和維持のために多数の死傷者を出している例を見れば明白である。日本は吉田（茂）総理以降今日に至るまでいわゆる「平和憲法」を逆手にとって、ある意味では日本は利己主義者と見られて、面目は失ったかもしれないが、巧妙な外交を行ってきたとも言える。この方針が今後も維持できるかは、日本には一方的な決定権はなく、残念ながら米国しだいである。アメリカは日本に対する不信感を払拭し切っていないから、日米安保は日本に勝手な行動をさせない仕組みでもあった。一九九〇年三月沖縄の海兵隊司令官のスタックポール少将は「米軍が日本から撤退すれば、既に強大な軍事力を日本はさらに増強するだろう。われわれは『ビンの蓋』のようなものだ」と発言した。この発言には日本を警戒するアメリカの本音が漏れたと言えるが、それからほぼ四半世紀が経過している。現在の米国は日本の防衛力の強化と米国の政策への協力を求めつつ、台頭しつつある中国の軍事力にどう対応するか苦慮している。

冷戦終了後一九九〇年の八月に起こったイラクのクウェート侵略は、日本を国際社会の新しい現実に直面させた。日本は国際社会対侵略国という対立の図式の中で、明白な侵略にどう対処するかを迫られた。それまでの現実的な議論の欠如が裏目に出て、クウェート侵略に対する日本政府の対応は「あまりにも遅く」「あまりにも少なく」「あまりにも制限付き」なものだったので、米国のみならず世界中から冷笑ないしは奇異の念を持って見られた。最終的に一三〇億ドルの資金を出しながら、侵略から助けてもらった当の被侵略国のクウェートからすらも感謝されなかったことは、日本人にとって大きなショックであった。この苦い経験をきっかけに、国際社会の平和維持活動についての日本の軍事的貢献を巡る議論が長く行われた末に、一九九二年に国連平和維持活動協力法が成立した。これによりカンボジアに初めて陸上自衛隊が派遣された。

冷戦終了後、アジアにおける米国の軍事的な役割が、日本国内でしだいに肯定的に評価されるようになった。一九九四年には社会党出身の村山（富市）首相は、自衛隊を合憲とし、「日米安保条約を堅持する」と述べるようになった。単に村山氏が総理になったからではなく、国際環境が変わったことを、社会党も理解するようになったからであろう。多くの日本国民はしだいに軍事アレルギーから脱却し、米国の戦争に巻き込まれる心配よりも、日米安保条約の信頼性を高めることのほうが重要であると認識するようになった。日米安保条約の実効性を高めるために、一九九七年には日米防衛協力のための新指針（いわゆるガイドライン）が、国論を二分するような大議論を招くことなく、国会で承認された。

二〇〇一年の同時多発テロは国際環境をさらに劇的に変化させた。ブッシュ（息子）大統領は「テロとの戦い」を始め、テロリストがアフガニスタンのタリバン政権の庇護の下にあるとして、二〇〇一年一〇月からアフガニスタンを攻撃した。国連の平和維持活動でなく、米国とNATO（北大西洋条約機構）の有志連合による報復軍事活動であった。日本はテロ対策の特別措置について新たに立法措置を講じて、海上自衛隊船舶を燃料補給目的でインド洋に派遣した。民主党政権の誕生後、この活動は打ち切られた。ブッシュ政権はさらに二〇〇三年三月ついにイラクに侵攻した。後に完全に誤りであることが明らかになった、サダム・フセインの大量破壊兵器製造・保有を理由として、米英等の多国籍軍がイラクを占領し、フセインも逮捕され処刑された。日本は戦闘部隊の派遣は行わず、特別措置法を制定して、比較的に治安の確保されていた地域での人道復興目的で自衛隊要員を派遣した。幸いにも死傷者が出ることなく、この活動は終了した。

これだけ見ても、冷戦終了後の軍事行動は目的も態様も様変わりを遂げていて、その中で日本が如何に対処するかは、政治的にきわめて複雑な判断を必要とするようになっている。

小泉（純一郎）政権の末期の二〇〇五年一〇月に、日米両国の外務、防衛大臣の間で「日米同盟：未来のための変革と再編」という文書が署名された。これにより日米同盟関係が相当変質することになったと思われる。[2] しかし、日本国内で従来のような現実離れの議論が起こらなかったのは、皆が小泉政治劇場に気を取られていたこともあっただろうが、国民の防衛意識の成熟を物語るものであろう。

冷戦終了後の日本の安全保障問題への対応は、相変わらず米国の要請への対応型ではあるが、ずっと現実的になっていることが判る。しかし、まだまだ議論の内容には、冷厳な国際社会の現実を反映していないところが残っている。第二次安倍政権は、二〇一四年七月に、限定的な集団的自衛権の行使を容認するとの閣議決定を行った。一二月の総選挙を経てそのための必要な法制の整備が行われる。

強かった国家へのアレルギー状態は、七〇年近い時間の経過とともに「あの戦争」がしだいに過去の歴史になるにつれて、自然に減少して来た。二〇一〇年九月に尖閣列島沖で中国の漁船が海上保安庁の巡視船に体当たりして来た映像の公開は衝撃的だった。引き続き現在に至るまで中国公船による日本の領海や経済水域の侵犯が行われてきている。戦争は他国での対岸の火事と思って来た日本人に、場合によっては、日本自体が軍事的な攻撃に晒されることがありうると実感させた。近隣諸国の目に余る反日行動は、国民の間に反発を招き、一種のナショナリズムが、特にまったく戦争を知らない若い世代の中に起こってきているようである。中国の鄧小平《とうしょうへい》元主席の「韜光養晦《とうこうようかい》」政策が終わり、中国が衣の下から鎧を示してくれたことは、日本人の国家観を若干なりとも正常に戻すのに貢献したと言える。この事件は日本にとっては「隠された恩恵（Blessing in disguise）」だったのかもしれない。

2　天皇――不思議な制度だが、象徴天皇は定着

天皇は不思議な存在で、外国人にとり理解するのは容易でない。しかしそれも不思議ではない。日本人ですらも天皇とは何かと明確に説明できるものはほとんどいないであろう。戦前は神であるという宣伝が行きわたり、宮城前を通る時には遥拝したり、天皇陛下という語が出るとそこにいたものは直立不動になるなど、庶民の行動も天皇の神性に相応《ふさわ》しいかのようであったが、おそらく本心から天皇が現人神《あらひとがみ》であると思っていた日本人はいなかったであろう。戦後陛下自身が「神格否定の人間宣言」を出す必要があったことなど、今の日本人には想像もつかない。ジョン・ダワーは「ひとたび敗戦が現実のものとなり、軍事国家が崩壊すると、天皇制と国体に関する限り、ふつうの日本人の『本音』は、穏やかな愛着か我慢、あるいは無関心にさえ近いものであることが明らかになった」と書いているが(3)、正鵠《せいこく》を射ていると思う。率直に言って基本的に国民の天皇観は現在もそう変わっていない。天皇制廃止論者も熱烈な天皇支持者もともにそう多くはいないように見受けられる。一般国民は自然にそこにある天皇を、映画スターのようにまたは発散するオーラの故に何ということもなく受け入れていると言っても過言ではない。それでは天皇の地位は不安定で基礎が乏しいかと言えばそうでもない。天皇制を廃止するかどうかの国民投票を行ったら、賛成票はおそらく驚くほどわずかであろう。第二次大戦末期のイタリアでは、ウンベルト二世皇帝が参謀本部、枢密顧問官、貴族階級の体制派の

根幹部分と密かに結んでムッソリーニを追放して、連合軍に降伏した。これに貢献した皇帝を、第二次大戦後、国民投票で廃位した。歴史的にあらゆる政治形態を経験して来たローマ人の末裔のイタリア人だからできたことであろう。イタリアに比して日本の場合には、天皇には愛着というか慣れ親しんで来た長い民族の記憶の違いがあると思う。

日本の権力構造の著しい特徴は、権威と権力の分離の長い伝統の存在である。「記紀」の時代は別として、天皇親政の時期は南北朝時代と明治以降敗戦までの時期に限られる。いろいろな形態の幕府制度、つまり実権を持つ権力体制が実際の政治を取り仕切って来た。国民を悲惨のどん底に陥れたという点で、史上最悪の権力簒奪《さんだつ》者は戦前の軍部であった。歴史を振り返ってみると、日本では旧権力が衰退し、混乱が極まり、新権力の登場の際に、天皇制は究極の権威付けをする特殊装置とでもいうのがこの民族の知恵だったのではないかと思われる。近代でも戦前の二・二六軍事クーデターの鎮圧、降伏の決定、戦後最初の内閣の選定に、この特殊装置が働いている。

天皇が神聖な首長でありながらその行動が厳しく制約されていることについて、文化人類学者ルース・ベネディクトは名著『菊と刀』の中で、誠に面白い指摘をしている。彼女は一八世紀末にトンガ島を訪れた英国人の「トンガでは神聖な陛下（majesty）が総大将（captain-general）の一種の国事犯であり、これは日本の政治状況と酷似している」（敬われているが、権力者からは国事犯のように何もできない状況におかれているということ）という言葉を引用して、同様の例が太平洋諸島各地で見られると述べている。[4] 天皇は台頭する新権力者に利用される例外的な場合は別として、権力者ではなく、その結果「私」がきわめて乏しい存在である。神々を祀る神事により国家の平穏を確保していると信じられて来た。現在でも憲法が規定する天皇が行う限定された「国事行為」よりも、「祈る人」としての天皇の重要性を指摘する人も存在する。宮中の神事の内容は一般国民からはほとんど覆い隠されているが、無私の祈る存在としてはローマ法王以外に天皇に匹敵する存在は世界にないであろう。

しかし、その天皇は二〇世紀の前半には、白馬にまたがる帝国主義の指導者としての強烈な印象を世界に与えた。またポツダム宣言を受諾して降伏するに当たり、時の政府が最も腐心し、固執したのが「国体の護持」であった。ただ天皇が存在し続けるという以上に国体の具体的な内容は明確ではなかった。明治憲法の神聖にして犯すべからざる天皇から現行憲法の象徴天皇への移行がきわめて自然で容易であったのは、日本の権力の二重構造の長い歴史の中で、この変化がそう違和感のあることではなかったからであろう。逆に言えば天皇の立ち位置は現行憲法で正常化したとも言える。昭和天皇も今上《きんじょう》天皇も、象徴としての天皇のあり方について常に想いを巡らしていると繰り返し発言されている。国政には関与しないで、限定された国事行為のみを行うという憲法の定めた枠内で、歴代の天皇が慎重に象徴としての役割を模索されるのは健全なことである。私は、天皇は「国民の総意に基づく国家と国民統合の象徴」であるという表現はまさにこの制度の説明として過不足ないと思っている。[5]

欧州諸国の一部の王室も歴史的に国民に受け入れられて来て、国民統合の象徴として機能しており、その存在が国際的に認められて元首として扱われるので、英国の憲法的規定に元首と書かれているわけではない。天皇も、元首の機能とされる栄典を授与する行為、外交的な国の代表である大使にお墨付きを与える行為が国際的に定着している現在、私は憲法の規定で天皇をあらためて元首と明文化する緊急な必要性を特に認めない。天皇を元首と明文化することに絶対に反対ではないが、天皇の地位は国民の総意が安定させるので、むしろ現在焦眉の問題はいわゆる「お世継ぎ」の枯渇の危険であると思う。三〇年先の皇室の姿を想像すれば、このままでは第一二六代天皇の後、皇統を継ぐ男子はただ一人しかいないことははっきりしている。天皇家や徳川時代の大名家の継承はしばしば側室制度により維持されて来た。一夫一婦制度を曲げることはできないから、このままで男系皇統により皇室の永続が図れるかはきわめて疑問である。国民は天皇が元首かどうかよりも、むしろ皇室の将来に不安を抱いている。女系継承を認めるとか、新たな宮家の創出等何らかの打開策が挙げられているが、これはいずれも皇室典範の問題で憲法問題ではない。私は現行憲法の第一章天皇の部分に改正を必要とする焦眉の急を感じない。

3　国民主権・民主主義——ようやく健全な政権交代が可能に

明治憲法下でも議会は存在し、普通選挙は一九二八年（昭和三年）から始まっている。[6] 戦前議会政治は政友会、憲政党の二大政党の対立時代から第一次大戦後に短命ながら「大正デモクラシー」の時代があった。しかし、基本は天皇親政で、統帥権や緊急立法等の制約があり、真の民主政治とはほど遠いものであった。日本の歴史の中で「お上《かみ》」に従うというのが長い伝統で、主権在民という思想はきわめて新しいものであった。また個人が他者に譲ることのできない天から与えられた基本的な権利を持つという思想も新しいものである。これらの欧米の近代的な政治思想は、戦後現行憲法の下に日本人が、初めて本格的に経験したといっても間違いではないであろう。

現行憲法下では、一九四六年の第一回衆議院選挙以来、二〇一四年一二月の総選挙までに四七回の総選挙が行われた。日本の国会は衆議院と参議院の両院からなるが、憲法上ともに議員は「全国民を代表する選挙」で選ばれなければならない。衆議院には解散が制度上存在するが、参議院の議員の任期は六年で解散はなく、半分が三年ごとに選挙される。経緯的には占領軍は一院制を提案したが、日本側が二院制に固執した。条約と予算以外は、参議院が衆議院と同等の立法権を持つことにより、日本の政治に安定をもたらすことが期待されてのことであるが、当初の「良識の府」として参議院が衆議院の独走を抑えるとの期待は直ちに裏切られた。参議院は政党色が深まり、衆議院のカーボンコピーと化した。与党が参議院で過半数を失う「ねじれ現象」が起きると、国会運営はきわめて困難になる。解散のない参議院は、どちらかというと変化に対して緩慢な現状維持的な対応をすることになった。「ねじれ現象」に対処するために、参議院選挙の時期に衆議院選挙を行う同時選挙も何度か試みられているが、制度的な欠陥の解決策にはなっていない。

一九五五年に自由民主党と社会党の二大政党時代に入り、いわゆる「五五年体制」が始まった。社会党は議席の三分の一を保持し、憲法改正を阻止したが、自らは政権交代を実現する力はなかった。右から左までの広範な政治思想を持つ多くの派閥から成る自民党が、万年与党として長期政権を続けた。

しかし八〇年代末から、リクルート事件等汚職の続発などで政治不信が高まり、小選挙区制の導入による選挙制度の改革と政治資金の規制が日本の政治を揺るがす最大の問題となった。宮沢（喜一）政権の政治改革法案廃案を機に自民党が分裂して、一九九三年六月に宮沢内閣不信任決議が成立した。同年八月の総選挙で自民党は大敗し、諸政党の合従連衡により細川（護熙）政権が成立して、五五年体制は崩壊した。小沢一郎の過激な政治行動がなければ、五五年体制がさらにもう少し続いていたかもしれない。一九九四年六月に自民党は社会党と野合した村山内閣を作って、政権に返り咲いた。この間、選挙制度改革については、海部（俊樹）、宮沢、細川内閣の下で論議が進んで、九四年三月に一連の政治改革法案が成立した。先送りされた肝心の選挙区の区割り法案はさらに羽田（孜）、村山政権に引き継がれ、九四年秋にようやく成立した。

最終的に小選挙区比例代表併用制は一九九六年の総選挙から導入された。政権に返り咲いた自民党は、その後公明党をも連立政権に取り入れ、橋本（龍太郎）、小渕（恵三）、森（喜朗）、小泉、第一次安倍（晋三）、福田（康夫）、麻生（太郎）内閣と、二〇〇九年九月の総選挙で民主党に敗れるまで政権の座を維持した。民主党はせっかく念願の政権を得ながら、外交、経済改革を巡る失政と一〇〇〇年に一度という規模の地震と津波の大災害への対処の失敗もあり、二〇一二年一二月の総選挙で自由民主党に大敗して、壊滅状態になった。

約五年半に及ぶ小泉長期政権の後、政権を担当した自民党も民主党も短命政権しか成立させられず、六年ちょっとの間に安倍、福田、麻生、鳩山（由紀夫）、菅（直人）、野田（佳彦）と六人の総理がめまぐるしく交代した。昔、竹下（登）首相が日本の総理の在任期間が短いことについて「歌手一年、総理二年の使い捨て」という語録を残しているが、この時代は首相は一年で使い捨てになったのである。この期間の日本の外交、政治はほとんど機能不全に陥ったといっても過言ではない。六人の総理が一年前後で次々に交代するという異常事態は、世界における日本の存在感を急降下させた。実は一九八九年六月の竹下内閣の退陣後、二〇〇一年四月の小泉内閣の成立に先立つ一二年間に、日本では宇野（宗佑）、海部、宮沢、細川、羽田、村山、橋本、小渕、森と九人の総理が次々に代わっている。その理由は小党分立、与野党勢力の伯仲、「ねじれ国会」等いろいろあろうが、根本的な理由は冷戦の終了という国際情勢の激変と、日本のバブルの崩壊に伴う経済成長の終焉であることは間違いない。平成時代の到来とともに日本は暗転し、今日に至るまで回復していない。平成時代に入ってから四半世紀が既に過ぎたが、その間に日本は一六人の首相を持ったというのは、世界から見ると日本の顔がなくなり、外国首脳との間の人間的な関係が築けなかったことを意味する戦慄すべき現象である。経済が右肩上がりから縮小に転じることの影響がいかに大きいかということでもあるが、保守的な官僚に依存する政治が果断な経済政策を打ち出せなかったという側面も見逃せない。奇人と言われ、劇場政治と揶揄された小泉総理が五年半政権の座を維持したのは日本も政治的なリーダーシップを必要とする時代に入っていることを物語るのであろう。

政治的リーダーシップが求められる時代に

この流れの中で二〇一二年六月に野田民主党首相の決断で「社会保障と税の一体改革」が主要三与野党間で合意を見たことは画期的と言える。この三党間の合意により、消費税の増税が二次にわたり行われることとなり、二〇一四年の四月から三％増加し、二年後さらに二％上昇し、合計一〇％になることとなった。第一次の増税の経済へのマイナスの影響が予想を超えて大きかったので、安倍総理は二〇一四年一二月に第二次の増税を一八ヶ月先送りするとともに、予想されなかった衆議院の解散を行った。選挙の結果連立与党は衆議院での勢力をさらに強化し、結果的に長期政権の基盤を固めることに成功した。いろいろな見方ができようが、国民は継続性があり安定した政治を望み、政治家の発揮する指導力を評価することに躊躇しなかったと言えよう。しかし野田総理が自分の政治生命のみならず、一時的にせよ民主党の生命をも危うくする結果をもたらした、政治的に国民に不人気な増税を「先送り」する悪弊を絶ったことは、別の意味での政治的指導力の発揮として、今後とも高く評価されるであろう。

小選挙区制の導入により二大政党の対立を期待する見地に立つと、せっかく総選挙により政権交代を実現しながら、その機会を活かせなかった民主党の責任は大きい。世界で第三の規模を有する日本の経済を運営するには、マニフェストだけでは不十分で、政府の統治機構を上手く使うことは不可欠であった。残念ながら民主党は党内が一致しておらず、統治経験も不足していた。ある意味でそれは仕方がなかったとしても、日本の政治の将来にとり、大きな課題として残るのは、政策を作り出す民主党はじめ諸野党の頭脳ともいうべき組織の弱さである。二〇一二年末に成立した第二次安倍内閣は二〇年にわたるデフレからの脱却を至上命題として、異次元と言われる金融緩和を進め、同時に限定的な集団的自衛権の行使を容認するという安全保障政策上の大転換を行った。安倍首相は壊滅状態の民主党が党の体制を立て直すことを怠っている間に、二〇一四年一二月に不意打ちの解散を行い、長期政権の基盤を固めた。民主党は若干議席を回復したが、海江田（万里）党首までが落選し、今後如何に党勢を回復するかまったく予断を許さない。

この選挙で自民党は単独で衆議院の過半数を制し、強固な連立政権を維持する公明党と合わせると、自公連立政権が衆議院で三分の二の多数を制する結果となった。強力な指導力を発揮する首相の下の安定政権は、少なくとも二〇一六年の参議院選挙までは続くと予見される。目下野党は完全に分裂して壊滅状態であるが、健全な野党の存在は不可欠であるので、野党側でも指導力のある政治家の出現が望まれる。

日本の政治で、このように強力な指導力を示す首相の出現は、ほとんど未経験のことである。国民は近年の短命政権の連続がもたらした経済の不振と近隣国際環境の緊張から、政治に指導力を期待するようになったと思われる。振り返るとこの変化を促す制度的変革は九〇年代の前半に実現している。政治腐敗、自民党の派閥政治への批判等から小選挙区制比例代表併用制の選挙制度が導入され、政治献金の透明化が進み、政党の力を強化するための公的な資金を政党に助成するようになっている。これらの変化は「ねじれ国会」の下で頻繁な小党分立と政党の離合集散の中で実現したので、当時はそれが日本の政治にいかなる影響をもたらすかは、明確に予想し難かった。結果的に二一世紀に入って日本の政治で起こったことは、政権担当能力を持つ二大政治勢力の間の政権交代への模索であったと言ってよい。

整理して考えると、戦後日本を実質的に支え発展させたのは、強固な官僚制度であったが、その限界が財政の破綻をもたらし、政治の主導性が不可欠になって来た。そのために政党政治を強化する制度改革が進み、総選挙を通じて政権交代が実現した。しかし、民主党の失敗から選挙民は、実効性のある代案の提示なくして、単なる政権の交代だけでは意味がないと判断し、強い首相の下の政権の継続性を選択したと言える。道はまだ半ばである。選挙民は次の選挙で、安倍首相がアベノミクスを成功裡に実現したかを厳しく問うであろう。日本の議会制民主主義の将来にとり、同様にきわめて重要なことは、はたしてその間に日本に健全で強力な野党が育つかであろう。政権党の万年与党化は望ましくはないが、国民は不毛の政権交代は希望しないであろう。今後野党が最優先で行わねばならないのは、政党の頭脳部分を強化することである。

政党頭脳強化の必要性

自民党は長年にわたり、官僚機構と二人三脚で政治を行って来た経験があるから、三年余で返り咲くことができたともいえる。非自民野党が政権を取り戻すハードルはきわめて高い。その観点から私が六〇年代の英国で見聞したことは参考になるであろう。戦後英国の選挙民は戦争指導者として傑出していたチャーチル首相の率いる保守党を退けて労働党の内閣を誕生させた。野党となった保守党が再生できたのは、バトラー（ラブ・）副党首が保守党の調査機能を拡充した結果である。英国の大学には政党クラブがあって、私が学んだオックスフォード大学はユニオンという立派な学生クラブの中に、英国下院そっくりな議場ができていて、学生は政治家さながらに活発なディベートを行っている。第二次大戦開始の直前に、オックスフォード・ユニオンで「この院は国王のために戦わない」という決議が採択されたことが、ヒトラーに誤ったメッセージを与えたと言われる場所である。ここで保守、労働二大政党や自由党のクラブのメンバーが、堂々としたディベートを行っていた。インド等の旧植民地の政治家の中には、ここのディベートで傑出して、プレジデントに選ばれた人物も少なくない。数年前には韓国人学生がプレジデントに選ばれ話題となった。保守党は若手の政治志望の学生を政党本部に招き入れ、政治教育の後、立候補させるというやり方を取っていた。私の大学時代の友人でこの経路を辿って政治家になったものもいた。私は政党の本部の調査、政策立案機能を強化することが今後の日本の民主政治が官僚支配を脱却する上で不可欠と思う。

私はそのためには、今は議員に山分けされて、どうも情けない使われ方をしているような政党助成金の相当割合を、政党の政策立案機能の強化に使うようにするべきだと思う。そうすれば優秀な政治志望の若者や有望な落選議員をここで養うことができるし、野党が相当程度の政策立案機能を持ち、実行可能な代案を作れるようになれば、政権への返り咲きも可能になる。野党が政権掌握後四年の任期を全うできれば、官僚も協力するようになるだろう。第二次大戦後の英国のバトラーの保守党改革も、英国の政治がアマチュア精神の尊重ということで、弱かった政策立案能力を改善することが目的だった。日本において今後数年国民が高い関心を寄せているのは健全で強力な野党が育つことである。

ともあれ日本の議会政治はこの七〇年にさまざまな経験と試行錯誤を積み重ねて来ている。平成時代に入ってから共産党を除くほとんどすべての政党が政権に参加の経験を持った。政権参加の経験が野党政治家にも共有されたことの意義は大きい。何時の日か優れた野党政治家の手により政権交代の受け皿と成りうる強力な単一野党ではなくても野党連合が生まれるであろう。日本の有権者は優れた判断能力を持っている。総選挙のたびごとに私は有権者は全体として何と賢明で玄妙な選択をしたものかと感心する。われわれはいたずらに悲観すべきではない。私は、さまざまな欠点にもかかわらず、日本の議会制民主主義は、現行憲法の下で、機能し、完全に定着していて、これに代わる制度は考えられないと思う。

国民主権下の統治システム上の大きな問題は、議会が機能し、法の支配は確立しているが、未だに根強い官尊民卑の風潮の下に、官僚支配が継続していることであろう。さらに「縦割り行政」の弊害、行き過ぎた中央集権と官僚と既得権との結びつきの結果生まれる安易な無気力（inertia）が効率的行政を阻害している。縦割り行政の弊を破り、統一的、効率的な行政を行うためには、各省の権限の間の重複や対立の打破が必要であり、このような行政規律の実現は本来は政治の仕事である。そのために行政改革や公務員制度の改革が繰り返し行われているが、省庁権限の統廃合には官僚組織の側から強い抵抗があり、行政の効率化、スリム化に実効を上げているとは言い難い。結局、予算における財政資金の配分の過程で、ある程度、省庁権限の調整や無駄の削減などの効率化がはかられているというのが実情である。しかし、行政規律の実現に当たり、財政規律のみに依存することは、財政資金の配分を司る財務省の力が強くなり過ぎ、行政の活力が失われる危険もある。敗戦により日本の諸制度が大きく変化した中で、唯一強化されて残った統治権力である官僚制度と政治の間の均衡の実現が今後に残る大きな課題である。

4　官僚制度——官僚を使うのか、使われるのか

このように戦後日本では国民主権や民主主義的な諸制度は、まずまず機能して来ているが、国民の願望が国政に反映されているかの観点から見ると、いろいろな疑問が生まれて来る。コンセンサスで八五—九五％の国民が「そんなところだろう」と消極的な支持をする形で国政は運営されて来た。右肩上がりの経済発展が続く間は、政治家が選挙区や利益団体の要望を吸い上げるかたちで国民各層に資金配分ができた。政権政党側に省庁別の組織ができて、党の上部機関でその間の政策調整が行われる体制ができた。しかし、ある意味ではこれは応援団に過ぎず、予算規模が政治的に決まると、農業、建設、運輸等の分野でロビーの利益を体して、具体的に財政当局と交渉するのは所管官庁であり、資金配分を仕切ったのは財政当局であった。日

本の政治を根底から支えていたのは実は強固な「霞ヶ関」の官僚制度であった。国民はむしろ政治家は二流、三流だが官僚はベスト・アンド・ブライテストの集団であるので大丈夫と信頼を寄せていたと言ってもよいであろう。

官僚機構は法律を忠実に実施するだけでなく、予算や法律の作成も自ら行ってきた。立法府で選ばれた首相を長とする政府が、行政府の名で法案を提出して、立法府が審議して可決するというのは完全なフィクションであり、事実はほとんどの法案は官僚機構によって立案されている。相手国がある条約は特殊であり、時に特定問題について議員立法がなされることはあったが、[7]政治家は官僚機構に全面的に依存して来た。「霞ヶ関支配」と呼ばれるものである。民主党による三年半の混迷した日本の政治の経験から、官僚を使いこなせなくては政治家失格というのが今の国民の印象であろう。しかし選挙を経ない官僚が政治を支配するのは、国民主権に対する真の脅威と言わねばならない。

そもそも日本の官僚制度は、占領下の壮大な「レジーム・チェンジ」も生き残った戦前からの伝統を持つ。天皇陛下の官僚から国民に奉仕する公務員に名前は変わったが、民の側の官尊民卑の姿勢も官の体質もほとんど変わっていない。官僚が相当程度、無私の立場で国のために働くという良き伝統がいつの頃から変質しだしたかにはいろいろな見解があろう。最近読んで感銘を受けた藤井裕久の『政治改革の熱狂と崩壊』（角川ワンテーマ新書）の中に、昭和三〇年代の大蔵省（現・財務省）には「政治との接近を嫌う風潮があった」「歴史から学び、現実を冷静に分析し、業界の利害や個人的利害を廃し、ルールに従って合理的に職務を遂行する。こうした官僚としての倫理を後輩たちに引き継いだ」と書かれている(8)。

私自身が身を投じたこの年代の官僚にもこの意気込みが残っていた。七〇年代の田中角栄の登場が大きなきっかけになって、官僚の政治との距離は急接近していったように見える。戦後から現在までの長い間、日本の統治は財政資金の配分と税制により行われて来た。だからこの双方を掌握する大蔵省が官僚支配の中枢であった。このような巨大な力を持っている大蔵省は、国家公務員試験合格者の中から、学業成績の良い東京大学法学部出身者にほぼ限って採用してきた。誰も疑わないし、問題視しないが、これは異様なことである。大蔵省が東大出身者にほぼ独占されていれば、東大出身者が、日本のエスタブリッシュメントに圧倒的な影響力を持つことになる(9)。財政資金と銀行融資に首根っこを押さえられていた大企業は財政、租税、金融を支配している大蔵官僚に頭が上がらない。政治家も選挙区へ財政資金を導入するので主計局のご機嫌を伺う。ジャーナリストも日本では調査ジャーナリズムが育たず、記者クラブという独特の閉鎖的な制度で、政府の新聞発表と個人的なコネを通じる特ダネのリークで記事を作っている。有力な同級生を持つことになる東大に皆入りたいと思うのは自然である。しかも大蔵省がその優等生を選りすぐって採用すれば、成績の劣る同級生は頭が上がらない。誠によく考えられたシステムと感心する。

官僚と政治の接近が腐敗を生む

官僚と政治の急接近の結果、自分が属する官庁の巨大な権限と予算を背景に、官僚出身の政治家が輩出した。官僚の最高位と言われる大蔵次官まで勤め上げて、退官後政治家になる人すら出て来た。同時に官僚の劣化と腐敗も進んでいった。外務省で一事務官が大金をカードで勝手に支出するというスキャンダルとか大蔵官僚と銀行の癒着を物語る接待スキャンダルが週刊誌を賑わした。官僚の生態が国民の目線にまで落ちて来て、官僚の威信は地に落ちた。

「失われた二〇年」の中で生まれて来たのは官僚不信である。社会学者のマートン（ロバート・キング・）は「官僚制の逆機能」と呼ぶ画一主義、手続きの煩瑣《はんさ》さ、セクショナリズムを指摘している。権限が強大であればあるほど、裁量の幅が広ければ広いほど、この逆機能は強く働く。日本では「省あって国なし」と言われる省益が槍玉に挙げられ、大蔵省の財政、税、金融支配も批判の対象になった。とにかく、金融だけは別の組織が監督することになり、中央銀行の独立性が従来よりも重視されるようになった。金融面での大蔵省の支配の時代は終わりを告げている。政治も乏しい財政資金配分に与《あずか》るだけが能ではなく、省庁権限の削減や規制の緩和も同様に重要になっている。大蔵省の威光は衰えたとはいえ未だ強大ではあるが、大蔵省の支配的な地位は確実に変わった。

官僚攻撃の大合唱の中で、公務員制度の改革や、天下り規制等がある程度実現したが、反面公務員の態度が消極的になるという副産物も生まれている。私は戦後の硬派官僚の時代に戻ることを期待するのはアナクロニズムであり、日本もこの公務員の質の低下は避けられないと思う。特定大学から選良を集めるというより、広い基盤からの多様性を有する公務員を如何に効率的に使うかを考えるべきであると思う。行政事務の大胆な民へのアウトソーシングも試みたらよいと思う。

官僚制度の打破と裏腹の規制の緩和は日本だけの問題ではなく、あらゆることをできる限りマーケットの裁定に委ねようという自由主義的な改革の波がサッチャー、レーガン時代から起こり、日本にも波及して、規制の撤廃がブームとなった。中曽根（康弘）首相による国鉄の改革、小泉首相による郵政改革はこの流れに乗っていた。しかし特別会計の問題はほとんど手つかずと言ってよいだろう。また行政府と民間のグレーゾーンである独立行政法人は約一〇〇法人、特殊法人は三三を数える。また鳴り物入りで行われた公益法人改革がどのような結果をもたらしたかはこれを書いている今現在不分明である。これらの法人の中には本当は不要であるが「ゾンビ化」して生き残っているものも少なくないと言われる(10)。

法による統治において、官僚制度なくしては、政治は恣意的となる。近代国家にとり官僚制度は不可欠である。法の支配が規制による活力の封じ込めのリスクを内包するように、官僚政治はよほどのことがないと「事なかれ」の保守性に安住し、権益墨守のみならず拡大の本能を持つ。建前論を言えば、官僚を悪と決めつけるのはお門違いで、議会制民主政治では政治家がいかに主導性を発揮するかが問われるべきである。しかし事態はそう簡単ではない。物事があまりにも錯綜しており、あらゆることに複数の見方ができる。いわゆる「整合性」の問題もある。

具体的に言えば、民主党政権成立後、「コンクリートからヒトへ」のスローガンに忠実に廃止しようとした「八ツ場《やんば》ダム」建設が結局生き残った経緯に、この問題の難しさを見る。有明海の干拓問題も同様である。可視化された「仕分け作業」は民主党政権の失敗例として戯画化されているが、あえて言えば国民に政治の難しさを分からせる意味で国民教育になったと言えよう。

しかし楽観主義者と笑われるかもしれないが、私は「失われた二〇年」の経験も含めて、日本の政治は紆余曲折、試行錯誤を繰り返しながらも、改善が進んでいると思う。国民は日本が成熟国家となり、政府はこれまでのバラまきはできず、国民も負担の回避ができないことを理解している。今までとは変わらねばならないということが分かった結果が、「自民党をぶち壊す」という小泉改革、「コンクリートからヒトへ」という鳩山改革の支持になったのだろう。これを「ポピュリズム政治」とか「劇場型政治」と揶揄するのは易しいが、国民主権の視点から見ると、国民は一点突破でいいから政治家に事態を改善することを試行してもらいたいと思ったということであろう。

与党の政治家が大臣、副大臣（昔の政務次官）だけでなく、政務官等々の肩書きで省庁の中に席を持ち、行政の現場体験をするようになっているのも、ボディーブローのように時が経つに従い効果を現すであろう。共産党を除くすべての政党が政権に参加した経験は必ず、日本の民主主義を改善するのに役立つであろう。確かに官僚は政権が短命であると知れば、レクチュア、リーク、サボタージュ等あらゆる手段で大臣に従わない強さを持つ[11]。しかし官僚の政治家操作も永遠に続くとは思えない。

官僚機構による情報独占の弊害

最後に日本の官僚制度の二つの大罪ともいうべき欠陥を指摘しておきたい。第一は官僚機構による情報の独占の弊害で、きわめて重大かつ日本にとり致命的ともなりうる欠陥である。官庁の発表する情報、特にデータは圧倒的な影響力を持っている。縦割りの制度の下で特定官庁が関連情報を独占すると、意図的でなくとも結果的に情報操作が簡単である。日本農業の将来を論じる時に必ず食料自給率が問題になる。しかしこの数値はカロリーベースでこれ以外の基礎データは農林水産省からは出て来ない。このデータ以外の材料が不在の中で取られる施策は偏ったものになりやすい。実際農政の基本は食料自給率を基礎とするコメ生産保護に偏ってしまって来た。小麦やトウモロコシに比較してコメの効率性が高いので、日本の食料政策が主食の米生産を重視するのは理解しうる。しかし米作の担い手の維持の観点からすると、兼業農家に依存する政策は危険だが、専業農家を強化する政策は取られていない。また農家の収入という観点からすると意味がある野菜や果物も含めた農産物の輸出の可能性は、最近に至るまでまったく考慮されて来なかった。

累積した財政債務の数字についても、財政当局が自己に都合のいいデータのみ公表して一種の世論操作をしているのではないかという懸念もある。真の国際比較が行われているかどうかについても疑問が残る。資産面の配慮をした近代簿記的な統計によると別の姿が浮かび上がるという説もある。日本で国債が民間に保有されるという形で、政府が国民に巨大な債務を負うというのは、租税当局が永年にわたり課税ベースの拡大努力、税を払わない法人の整理等を含めて税収拡大の真剣な努力を怠り、徴税しやすい階層からの税収に頼りすぎたのではないかという疑念も残る。残念ながら関連の情報はプライバシー保護や政治的な理由から発表されていない。不動産バブル崩壊、金融危機への日本の対処は正統派すぎて時間が浪費されて、傷を深くした。財政再建一本槍の発想は円高やデフレ経済を招来したが、私はこれらは官僚機構による情報独占と都合のいいムード作りのなせる業であると思っている。

立法府に政府情報を評価する独立の組織を作る価値は十分にある。また政策決定の過程の評価も行えるように、政策決定を文書化し、記録として保存することを義務づけるべきであろう。二〇年なり三〇年なりのルールを作り、決定にまつわる公文書や内部検討の記録等は発表するべきである。後世の眼に晒されることが現在の決定を行う時に決定者の頭をよぎることが大事である。外交政策については、例外も置かれているが、三〇年を経た文書の定期的な発表が行われている。他の官庁も同様にできない理由はないと思う。

官僚には多様で柔軟な発想が求められる

第二の問題点は官僚機構の側の柔軟な発想の不足である。これは情報独占の問題と表裏の関係にある。そもそも法と予算の執行者である官僚機構に柔軟な発想を求めるのは間違いであるという意見もありえよう。これはその通りであるが、米国は政権が交代すると行政府のすべてのトップが交代する。英国では政治のリーダーシップが徹底している。日本の場合は、万年与党である官僚機構が実質的に政策を立案する。こういう状況下でのリーダーの同質化は思考の多様性を失わせる。金太郎飴のようなどこを切っても同じという社会は魅力がないだけでなく危険でもある。企業でも社内で活発な意見が戦わされている企業は危機にも強い。

欧米では政府にＡプランがあれば、民間でＢプランが作られる。私は私自身英国の王立国際問題研究所で一年、客員研究員の生活を経験し、またニューヨーク総領事の時には、多くのシンクタンクとの接触を持った。国際問題評議会のような伝統のある組織や、保守系、リベラル系のさまざまなシンクタンクの中に、東西安全保障研究所があった。八〇年代末の当時、このシンクタンクは、九〇年代の中頃にソ連を含む共産圏諸国は国際経済システムに再編入される可能性があるという壮大なテーマの大プロジェクトを実施していた。その通りになったのであるから、私はシンクタンクの先見性を高く評価している。そこで発見したことは、欧米のシンクタンクでは学者や有識者に加えて「インテリ浪人」とでもいうべき独立した研究者がいることであった。彼らはその組織でずっと働くのではなく、一つの研究ごとに雇用される。シンクタンクの研究部長は五年なり一〇年なり、相当期間その組織で働くが、その仕事は面白いテーマを探し、研究者を集め、財団を廻って資金を調達することである。研究テーマを担当する研究者はその都度テーマに相応しい人物が求められるが、「インテリ浪人」は自身でプロジェクトを作って売り込むこともある。シンクタンクが既得権益から独立した中正な研究を行うためには、こういう独立心を持つ研究者が必要なのである。

しかし、さまざまな理由から日本ではそれほど有力な民間のシンクタンクもないし、最近日本でも脱官僚の気骨のある「インテリ浪人」的な人物が生まれているとはいえ、情報不足もあり、まだ欧米に比べれば日本のシンクタンクは質量ともに未だしである。官僚機構による情報の独占が続けば、実質的に官僚機構が最強のシンクタンクとなる。官僚の作ったAプランが間違ったケースは枚挙にいとまがない。しかし、もし財務省の影響の少ないシンクタンクがあって、財政再建についてBプランを作ろうとしても、情報不足で実現可能なBプランを作りようもない。

元来官僚機構は保守的であるから、官僚機構に依存する日本は結果的に対応がいつも後手後手になる。七〇年代の初め円を切り上げるべしとの議論を封殺したこと、二〇年続いたデフレ脱却の発想転換ができなかったことはその顕著な例である。デフレ脱却については結局第二次安倍内閣に至り政治の側から、外国人学者や国外にいる日本人学者の理論的な応援も得て、金融政策の大転換が行われたのは示唆に富む。この官僚機構の中の柔軟発想の欠如は、大蔵省に限らない。外交政策についての外務省、農政についての農林水産省ほか縦割り行政のあらゆるところで同様な問題が存在する。

同質化したエスタブリッシュメントの危険——東日本大震災

日本社会の同質化の危険と硬直したエスタブリッシュメントの恐ろしさを余す所なく露呈したのは、東日本大震災という天災である。事故後多くの識者は、大津波で原子力発電所がメルトダウンしたのは単なる天災だけではなく、人災の面があると指摘した。原発危機では「想定外」という言葉が飛び交った。黙示録的な大災害を生んだ震度九の地震は、数百年に一度か一〇〇〇年に一度しか起こらないということで、関係者にとり想定外のことであったという。しかし、大災厄が起こってから、原子力発電所が全電源を失う危険はどの国の原子力関係者も認識していて、さまざまな対応策が取られて来ていたこと、津波の高さの想定は非常識に低かったことが明らかになった。総合的に判断すると、原子力エネルギーのコストは一般に言われるよりもずっと高いことも判って来た。これらのことは日本では政府、学会、電力会社において真剣な議論の対象にならないで来た。その理由はいわゆる「原子力ムラ」と言われる専門的な集団の中で議論の多様性がなかったことである。同様なことは各行政組織と、これから意見を諮問される知識集団が作り上げるあらゆる知的コミュニティに共通していることも明らかになって来た。国内ではいわゆる御用学者が横行して知的コミュニティの中に存在すべき見解の多様性が欠如している。学閥の跋扈《ばっこ》や学会の国際的閉鎖性、専門外の立場からの意見を軽視する風潮は、財政政策、医療政策、農業政策等政府の重要な政策形成に当たるコミュニティの宿痾《しゅくあ》となっている。読者がお気づきのように、これは東大を頂点とするエスタブリッシュメントのもたらした日本社会における多様性の欠如に源を発するのである。

将来日本の官僚支配の構図が変質し、欧米型になるかもしれないが、過渡期の現在は、次善の策として、私は官僚機構の中の意見の多様性を保つ制度改革を考える必要があると思っている。言うは易く実現は至難の業であろうが、もし各省庁内に現在進めている政策とは異なる政策を考える組織内でも地位の高い部局が存在したらいいと思う。現業の部局にはその余裕がないから案外歓迎されるかもしれない。外務省には長年調査部局があり、故人になってしまったが村田良平、岡崎久彦のような論客や現在でも外交について歯に衣を着せない意見を述べている孫崎亨はこの部局の出身である。夢を膨らませれば、官僚組織のB部局のメンバー、先に述べたシンクタンクの「インテリ浪人」および政党の調査政策立案部局の間に人材の交流ができるようになり、その中から優秀な人材が総理の補佐官になるようになれば、日本の民主主義政治も万全となるだろう。

5　人権の尊重――権利意識と公共利益のバランスが課題に

現行憲法第三章「国民の権利及び義務」はきわめて詳細に国民の権利を規定している。特に基本的人権については第一一条で「国民は、すべての基本的人権の享有を妨げられない。この憲法が国民に保障する基本的人権は、侵すことのできない永久の権利として、現在及び将来の国民に与えられる」と規定した上で、さらに第九七条で「この憲法が日本国民に保障する基本的人権は、人類の多年にわたる自由獲得の成果であって、これらの権利は、過去幾多の試練に堪え、現在及び将来の国民に対し、侵すことのできない永久の権利として信託されたものである」と重ねて規定している。一連の規定は人権保障規定としては十分といえる内容で、第二五条の「健康で文化的な最低限度の生活を営む権利」という先進的な権利も含まれている。

この憲法の下で基本的人権の侵害は憲法違反として最高裁判所まで上告できるという制度的

な担保もあり、日本における人権の尊重は完全に確立したと言っていいだろう。欧米に発する天賦人権の考えはアジアのこの地に根を下ろしていることを、日本人は誇りにしていい。

もちろん法律上の規定と実際の乖離《かいり》はない訳ではない。どこの国にもあるとはいえ、日本にも人種その他の理由に由来する差別意識が依然存在している。私は日本では皆黙して語りたがらない精神障害者の隔離等は早急に何らかの是正を要すると思う。反面刑事事件における被告人の権利の尊重は、オウム心理教の犯したサリン事件等のテロ的犯罪、国境を越えたマフィア組織の犯罪や情報技術の飛躍的な進歩に伴うサイバー犯罪等の防止を困難にしている側面もある。

天賦の人権をもつ国民が、個人として尊重され、国家がこれに掣肘《せいちゅう》を加えることを憲法が禁止しているという立憲主義は思想としては非の打ち所もない。私は現行憲法の立憲主義を改めることは、歯止めを欠くという考えに賛成である。

日本社会はルース・ベネディクトが指摘したように、個人が「おのおのその所を得る」ことを意識して行動を自制する高度のヒエラルキー社会であった。戦後の民主主義は貴族制度を完全に廃止し、長子相続を平等相続に変え、きわめて累進的な相続税制度は一億総中産階級化と言われる世界でも類例のない平等社会を生み出した。戦前のような個人に自制を強いる階層社会の縛りはほぼ完全に消滅していると言ってよいであろう。その結果皆が権利の主張のみを行い、その人を取り囲む社会を無視すれば、住みにくい世の中となる。権利と権利行使の自制、権利と義務の間の均衡は難しい問題であるが、頭に留めておかねばならないだろう。

現行憲法では国民の側には憲法が保障する自由と義務を保持し、濫用を控える義務（第一二条）、納税義務（三〇条）、子女の教育義務（第二六条二項）、勤労の義務（第二七条）を規定し、天皇以下の公務員に憲法の尊重義務（第九九条）を課している。社会を守る義務としてこれだけで充分であろうか。私は法制化することには困難があろうが、公共のための貢献は国民の重要な義務であると思う。私は若い人に話をする時には場違いな説教と思われることを覚悟して、「人生において公のためになることを忘れてはならないよ」と語っている。

6　繁栄が幸福に繋がらない――「幸福のパラドックス」

敗戦後日本人はよく働いた。無差別貿易体制ができたとか、海外の戦争に巻き込まれ富を失うことがなかったとか、さまざまな幸運にも恵まれたが、八〇年代末には米国に脅威を感じさせるほどの経済的な発展を遂げ、国民の生活は豊かになった。同時に大気汚染やさまざまな公害病が発生し、環境を無視した経済発展に対する批判も生まれた。二〇世紀末頃から「くたばれGNP（国民総生産）」「ゆっくりずむ」等の合い言葉も生まれ、いたずらに国の総生産の増大を喜ぶのでなく、個々人の生活の質がよりいっそう大事であるという考えが定着した。

一頃は防毒マスクを付けた交通巡査、煙突が空に向かってモクモクと排気ガスを出す工場、家庭用の洗濯機で使う洗剤で泡立つ河川で象徴された日本は、急速に環境の改善に向かって、いまでは東京は世界で最もクリーンなメガロポリスと言えよう。

年金制度に加入していれば相当額の年金が受け取れる公的な年金制度、病気になればきわめて低廉な負担で治療が受けられる公的な医療保険制度、高齢者のための介護システムがしだいに充実している。

永きにわたり右肩上がりの経済成長が続いた日本経済は、二一世紀に入り不動産価格のバブルが弾けて失速した。サブプライムローン危機、リーマンショックという米国発の金融危機の追い打ちもあり、日本経済は二〇年にわたり活力を喪失し、世界で未曾有のデフレ経済が続いた。その間に歴代政府が円高とデフレーションへの対応に失敗したこともあり、国際競争力を失った日本企業は次々に海外に生産施設を移し、産業の空洞化が起こった。デフレーションは年金生活者にとっては恩恵であったし、円高は輸入品価格を押し下げ、海外旅行を楽しめる人たちには歓迎すべき側面もあった。しかし国家の歳入は着実に減少し、財政破綻が迫り、ついに第二次安倍内閣になってデフレ脱却を目指す大きな政策転換が行われた。

この間曲がりなりにもモノに溢れ、諸サービスが充実している質的に高い生活水準が確保されていたので、日本は全体としてみると繁栄していたと言うべきだろう。しかし日本の国民の満足度はそう高くない。この点に関連して、二〇〇八年末に内閣府が発表した『国民生活白書』[12]は一九八一年から二〇〇五年までについてではあるが、きわめて注目すべき指摘を行っている。すなわち一九八七年を境に、一人当たり実質GDP（国内総生産）が上昇し続けたのに反比例する形で、生活満足度は下がり続けており、「経済成長は幸福度と結びついていない」と述べている。

この矛盾はどこに由来するのだろうか？　この白書は同様な傾向は他の先進国でも見られ、これは一九七一年にブリックマン（フィリップ・）とキャンベル（ドナルド・）という二人の心理学者が発表した、生活の客観的な状況が良くなっても個人の幸福には何らの影響を及ぼさない「幸福のパラドックス」と呼ばれる現象であるとしている。アメリカ、ドイツ、スイスの研究でも同様な結果が出ているが、反論もあり、学者の間で論争が続いているとも述べている。だから必ずしも日本だけの現象ではないようである。ただ年齢による幸福度の推移を見ると、アメリカでは中年から老境に達するほどに上昇していくのに対して、日本では若年ほど幸福で、年を取るに連れて下降することが際立った違いであると述べている。この白書は大変に面白いもので、二〇〇八年の統計に基づいて言えば、幸福度にプラスの影響を及ぼすのは、女性であること、子供がいること、結婚していること、所帯全体の年収が多くなっていくこと、大学または大学院卒であること、学生であること、困った時に相談できる人がいることで、反対に幸福度にマイナスの影響を及ぼすのは、年齢の高いこと、失業中であること、ストレスがあることとしている。高齢化し、孤独である男性が最も不幸であるという姿は、朧げながら日本の実相に合致しているようだ。私はその背景にいつも先のことを心配する日本人の国民性があるのではないかという気がする。現在はそこそこに繁栄の楽しみを味わってはいるが老後が心配であるとか、将来の自分や子供たちが現在程度の生活を維持できるか不安でならないということである。ただ内閣府の最近の調査は日本の国民の満足度は、二〇〇八年から上昇に転じ、二〇一三年には一八年ぶりに最高の七〇％を記録したとしている。(13)

私が大使として四年暮らしたイタリアで観察したところでは、率直に言ってイタリア社会には日本ほどの物質的豊富さも良好なサービスも存在しないが、イタリア人は、政府がどうなろうかに関係なく、明るく楽しく暮らしているように見えた。イタリア人の明るさは、家族の絆の血縁的な強さ、地域社会との強い地縁的繋がり（カンパニリズモと言われる地域の教会の鐘の音が聞こえる範囲内の親密な人間関係）や助け合いの仲間との「アミーコ」精神等の要素から、政府に依存しない自立した個人の間の安定した人間関係に支えられている。特に南部ではラテン人の楽天的な気質が際立っている。しかし高名なジャーナリストのルイジ・バルジーニは「イタリア人は嘘をつく必要のない、名誉に満ちた透明な国で、平和のうちに名誉ある透明な生活を送ることを夢見てきた」と述べているが、(14)それが正しければ、明るいイタリア人も心の奥では明るさばかりではないのかもしれない。確かに個人的にイタリアの将来に深い危惧を示す人も少なくなかった。

先行きの不安についてはアメリカでも同様である。現在は若干自信が回復したようであるが、二〇〇九年にオバマ大統領が登場した時には、彼は就任演説で「国中を覆っている自信の喪失こそが最も深刻な問題なのです。それは、アメリカの衰退は避けがたいという恐れであり、次の世代の人々は目標を下げなければいけないのではという恐怖です」と述べている。成熟社会は押しなべて将来に不安を抱えていると言っても間違いでないだろう。

その中で心理的なものである幸福感の国際的な比較はきわめて難しいが、経済協力開発機構

（ＯＥＣＤ）は、国内総生産（ＧＤＰ）に代わる国民の豊かさを測る指標として二〇一一年から、国民生活の幸福度を評価した「より良い暮らし指標（ベター・ライフ・インデックス＝ＢＬＩ）」を発表している。二〇一三年の調査結果の中の一項目「生活の満足度」について見ると、ＯＥＣＤ諸国平均が六・六で、スイスの七・八を最高に、北欧諸国、カナダ、豪州、ニュージーランドが七・五前後、米、英、ドイツが七前後、日本、イタリア、韓国は六である。日本人の生活への満足度が低いことが一応、裏付けられるようである。

日本で年金制度と医療制度が改革され安定的な財源が確保されて、社会保障制度の維持について国民が信頼を持てるようになれば、相当程度将来への不安は解消されるであろう。その場合にも日本人が、北欧のような高福祉、高負担型の満足感を持つかどうか、私には充分な確信が持てない。右肩上がりを続けて来た国民として、やはりわずかながらも右肩が上がり始めないと、社会保障が整備されてこれが成熟社会の証左だというだけでは、多くの人は安心立命が得られないのかもしれない。勤勉な国民性で働き過ぎることと社会との絆が高齢者に失われることが解消しないと幸福感は生まれないのかもしれない。もっと本質的には、単純に言えば日本では高齢化と絆の喪失が不幸の基のようであるから、サミュエル・ウルマンの有名な詩ではないが、社会自体が夢や明るさを失って老いていくことを防がねばならないのであろう。

7　地方自治――税収、権限、人材を地方に

戦前に少壮軍人がテロに訴えて政治家を暗殺し、生命の恐怖がしだいに日本の指導層に軍国

化に抵抗する勇気を失わせた。その背景には、娘を売らねばならないほどの東北地方の農村地帯の貧困があった。敗戦後日本が繁栄の道を歩きえた一つの大きな要因は、敗戦後の占領軍による農地解放が成功を収めたことであろう。政治的に中選挙区制ということもあって安定的に再選される有力な政治家の大部分は農村地域の出身であった。人口の急速な都市への移動の結果、農村選挙区は都市選挙区に比して一票の価値が相当に有利であった。工業化は農村地帯に不利となる事情もあり、政治的にも都市と農村の格差を拡大させない配慮が必要でもあった。日本が貿易収支を大幅に黒字化するに及んで、米国から農業の自由化の要求が高まった。結果的に財政資金は農業への補助金と地方における公共事業に傾斜的に配分された。豪雪地帯の新潟出身の田中角栄という政治家は日本のどこでも一日で到達できることを理想とする「日本列島改造計画」で地方の振興を謳い上げ、一九七〇年代初頭に衆望を担って総理大臣に就任した。今日では彼は日本全土をバブル化した土建政治の権化のように言われるが、彼が全国的な高速道路と新幹線網建設に果たした功績は認められていい。今日の流通革命の基礎は彼によって敷かれたと言っても過言ではない。二一世紀の現在、日本列島津々浦々を二四時間、巨大トラックが走り回り、北海道産の海産物がその日のうちに全国に届けられる。ゴルファーはどこでプレーするにも数日前にクラブをゴルフ場に事前に送り、当日は手ぶらでゴルフ場を往復する。利便性をどこまで追求すればいいのかの問題はあるが、高速道路と新幹線のネットワークは日本の都市と地方の連絡を大幅に改善した。

しかし、この地方のための政策は、地方から積み上げられて来たものでなく、中央官庁の主導であった。農林省と運輸省が競って僻地まで道路を建設したのは奇観であった。地方自治はお題目と化し、東京への一極集中が進み、地方は東京に完全に従属してしまった。その後総理大臣になった熊本県の細川知事が、県庁所在地のバスの停留所を数十メートル動かすことについて、東京の関連の中央官庁に何度も足を運ぶ必要があったことを嘆いた。日本の地方自治については、道州制度への移行や地方への権限、財政資金さらには人材の移譲の必要性が議論されるが、依然机上の議論にとどまっている。中央官庁の権限維持の力が強すぎて、遅々として進まないのである。

高齢・少子化が顕著に現れている地方に問題が集中している。限界集落に見られる地方の過疎の問題、農業の担い手の確保の問題、シャッターが下りた駅前の商店街、地方自治体の財政破綻に日本経済が抱える深刻な問題が現れている。美しい里山、地産地消の推進、農産物のブランド化、国内観光の潜在的な可能性等に明るい要素も指摘されるが、都市と地方のバランスをどこに見いだすか悩みは深い。

その間に地方自治体の衰微は進み、遠くない将来相当数の地方自治体が破産すると言われ始めているが(15)、国家財政にそれを救う余力は最早残されていない。地方自治をどうするのか、本格的かつ真剣な実効的な施策が焦眉の急となっている。

地方経済の振興は規制の緩和や農業政策の転換と表裏をなしていて、日本の再生には改革が不可避である。「アベノミクス」の第三の矢である成長政策は既得権益の利害を損なうので名案が出ない。その中で注目されるのは、グローバル経済の中での企業の国際競争力の視点のみからの成長政策では、ローカル企業の生産性の向上は望みえないという意見が台頭していることである(16)。

また農業の保護が農協の保護に堕していて、農業の生き残りと振興のためには、まったく新しい発想と仕組みが必要であることも指摘されるようになっている。一票の格差の是正が進めば、政治レベルでの都市部に比して農村部が過大に代表されて来たことも是正されるであろう。しかしその結果、問題が山積している地方への関心が減退するようになるのは大変に危険である。地方の活性化には、財政資金漬けで中央の権限と支配が深まるというやり方ではもはや発展がないことは明らかになっている。言い古されており、実現は難しいことではあるが、地方ができる限り自力で活力を取り戻すように、資金、権限、有意な人材の地方への移譲などについて、衆知を集めなければならない。すでに先見の明のある県知事や自治体首長の努力が成功している例も散見される。一村一品運動で地方ブランドが全国ブランドになり、さらに世界ブランドにもなることが可能である。観光面では地方はいまだ手付かずの開発処女地である。日本人の海外観光熱は依然高いとはいえ、高齢者の国内旅行への関心は高まっている。円安の定着で海外からの観光客の数も急速に増大していて、外国旅行客にも地方の魅力が認識されている。日本の地方の将来は決して暗いだけでない。積極的な地方の今後の位置づけは、道州制の採用等思い切った地方自治制度改革を必要とする憲法的なレベルで考えるべき問題である。

8　教育――立身路線の複数化を

日本人は好奇心や向上心に富み、教育熱心である。徳川時代以降「読み、書き、算盤《そろばん》」は国民のあらゆる階層にも習得の機会があり、明治維新後も教育は国家の最重要分野とされた。教育水準は歴史的にあらゆる国民に比較しても高かったと言ってよい。現在でも識字率が最高度に高いのは当然とされている。国民の平均的な知識の幅も量も際立って高いと言えよう。その結果として、相当のクオリティーの新聞が数社も全国的に数百万部の発行部数を持っていることは世界に例がなく、驚異的ですらある。年間に出版される図書数も扱う主題の多様性も格段に高い。

以下に述べることは教育の内容（カリキュラム）、教育行政が敗戦後どう変化したか、現在直面する教育問題は何かという視点からの観察である。

現行憲法は教育について、すべての国民が、その能力に応じて、ひとしく教育を受ける権利を持つことと、保護する子女に普通教育を受けさせる義務を定め、義務教育の無償化を定めている（第二六条）。同時に戦前の思想、学問統制が再び起こらぬように、思想および良心の自由の不可侵（一九条）、宗教教育の禁止（二〇条三項）、学問の自由の保障（二三条）と公の支配に属さない教育への公金等の支出の禁止（八九条）を規定している。神道の強制や思想統制が戦時中に行われたが、日本の長い教育重視の伝統から見ると、現行憲法のこれらの規定には革命的なものはなかったと言ってよいであろう。

ＧＨＱの教育介入と日教組

しかし、教育の内容は、現行憲法の基本理念である民主主義、平和主義、人権尊重等を定着させるというＧＨＱ（連合国軍総司令部）の強い意志の下に置かれた。敗戦後の一九四五年の一二月に、ＧＨＱは「教育に関する四つの指令」で、まず軍事教練の廃止、戦争協力の教員の罷免、神道の否定と並んで修身、日本史、地理の授業の廃止を指示した。ＧＨＱはそれを担保する意味で、教職員の思想改造を重視し、教職員組合に期待を寄せた。事実ＧＨＱ指令が出される中、教職員組合への加入者数は爆発的に増加した。一九四七年三月には教職員組合と文部省との間に労働協約が結ばれ、労働条件に加え、「組合員の政治活動に妨害を与えない」ことすら約束された。

四七年五月に文部省は教師用の手引書として「新教育指針」を出した。その中で文部省は「国民の再教育によって、新しい日本を、民主的な、平和的な、文化国家として建て直すことは、日本の教育者自身が進んで果たすべきつとめである」とした上で、具体的に日本のどこが問題かについて、今から振り返ると驚くほど自虐的な日本人観を述べた上で、教育の民主化が必要で、教師が民主主義思想を教えるにとどまらず、生徒の学校生活で民主主義を実行させることが大切である。教職員組合を造ることも、教師自身が民主的な教養を積む上で重要である。教師も政治に関心を持つべきで、政治を正しい方向に指導しなければならないと述べている。文部省のこの指針に述べられている文部省の考えは歴史的文書としてきわめて面白く、文部省と日教組の表裏の関係が窺われる。森口朗は「多くの日教組批判は言いがかりです。日教組は、少なくとも外見上は戦後民主主義教育を当初の形どおりに行ってきたに過ぎません。ですから、日教組を批判したいのであれば、戦後民主教育も同時に批判すべきなのです」と述べているが、[17]これは正鵠を射た指摘であると思う。

その後文部省と日教組は、六三制の完全実施（一九四七年）、レッドパージ反対（一九四九年）、教え子を再び戦場に送るな闘争（一九五一年）、偏向教育批判反対（一九五三―五五年）、勤務評定闘争（一九五六―五九年）、高校全入運動（一九五九―六〇年代）、学力テスト反対運動（一九六一年）、主任制度反対運動（一九七三年）を巡り争うが、日教組の主張を覆すことはできなかった。[18]

しかし、日教組がいかにGHQのレジーム・チェンジに忠実であっても、本元の米国は冷戦の開始と朝鮮戦争以降は対日政策を一変させたので、日教組は二階に上がって梯子を外される形となった。教職員にはマルクス主義を信奉する尖鋭な活動家も多く、日教組の幹部はデモへの参加やビラ配り等の政治目的に労組員を動員したために、日本国内には日教組の「偏向」教育に対する懸念が増大した。同時に幹部のマルクス主義的偏向もマルキシズム自体が色褪せたために迫力を失った。

一九八四年に中曽根首相の設置した「臨時教育審議会」は、個性重視の教育、生涯学習体系への移行、国際化などを打ち出し、竹下内閣の下で、国立学校設置法改正（総合研究大学院の設置）、教育公務員特例法改正（新任教員への研修義務づけ）、教職員免許法改正等を次々に成立させて、日本の教育は一律のレベルの働き蜂を求める成長社会の要請から生まれた「詰め込み教育」から国際性も視野に入れた個性豊かな人間を作る「ゆとり教育」へと大転換する。その後村山政権下での文部省と日教組の「歴史的和解」から二〇〇六年の第一次安倍政権の教育基本法制定と、民主党政権下での全国学力テストの悉皆《しっかい》方式からサンプリング調査への変更、さらに第二次安倍政権の誕生にともなう悉皆調査への再変更が起きている。

日教組の組織率は一九五八年の八六・三％から、現在は三〇％程度に落ち込んで、さらに近く二〇％程度にまで下がると予想されている。その影響力は過大視され、選挙のときの自民党のネガティブキャンペーンに役立つので自民党も徹底的には勢力を断つほどの対応をして来ていないという評も、あながちうがち過ぎではない。三〇万人の組合員を抱える日教組は民主党、社民党等への選挙の時に力強いボランティア提供により政治力を維持している。

日教組がどこまでの役割を果たしたかとは別に、戦後の日本の教育で際立っていたのは、GHQの目論んだ平和主義と民主主義の考えと、道徳教育の欠如であると言える。日本人の歴史と地理の知識の欠如も遠因はこのGHQの政策にある。独立回復後も歴史についてはいわゆる「東京裁判史観」がイデオロギー的な激突の対象となり、政府も自信のある教科書作りを指導できず、二〇世紀末から西尾幹二、藤岡信勝等の民間の学者グループによりこれを補うような歴史教科書が次々に出版された(19)。

日教組に参加している教師の間では、民主主義と平等主義は同義と捉えられ、すべての子供は平等であるから、子供を点数で評価し、振り分けることは平等に反するという考えが支配的であった。徒競走で足の速いものが勝つのは平等に反するから、ゴールの前で皆が止まって、手をつないで一緒にゴールインするなどと言うのはブラック・ジョークのような気がするが、現実に起こっていたらしい。

猫の目のように変わる教育行政

教育行政には一貫性がなく、基本方針が猫の眼のように変化している。意図的でなかったにせよ、戦後日本の教育は、日本の経済発展を支えた均質で勤労意欲の高い「働き蜂」的な若者を作ることに貢献したと言えよう。率直に言って一般人には一生必要ないような知識を詰め込むかと思うと、偏差値の偏重が、受験競争を招くと言って、「ゆとり教育」が叫ばれる。「ゆとり教育」の結果、子供の学力の低下傾向に拍車がかかった。学力をつけることに有効な対処は行われなかった。親たちは公立学校に見切りをつけ、私立の一貫校を目指すか、中学、高校、大学の入試の勉強は、専ら受験のための学習塾でさせるようになっている。子供もそれを望み、塾とお稽古通いに明け暮れする生活を送る。文部科学省も塾を否定しなくなった。英語の学習等にはアウトソーシングの形で私塾が取り入れられている。このことは親の資力が子供の将来に決定的な影響を及ぼすことになった。資力のない親の出来の悪い子供は落ちこぼれてしまう。ゆとり重視では生活力の弱い子供が増えるので、今度は「生きる力」をつけねばならないという。このような教育行政の混乱にもかかわらず、難しい大学入試に受験生が合格できるのは、少子化で宝物となった我が子を、母親が自分の生活を犠牲にしてまでも、とにかく良い大学に入学するように叱咤激励する親の愛情である。その頂点は東京大学で、その年どの高校から何人が東大に入ったかが、大ニュースになる。ただ不思議なのは米国や韓国に比して、親が高等教育と考えるのは、大学までで大学院ではないことである。

私の知る限り日本における東大崇拝のような現象は世界に類例を見ない。英国でもオックスフォード、ケンブリッジ大学が名門大学と言われるが、六〇年代にいわゆる赤煉瓦大学（新設の地方大学のこと）が輩出し、学問の世界も一変している。アメリカでもハーバード、エール、プリンストン、スタンフォード、ＵＣＬＡ等有力大学が多数存在しているし、特別な分野に特化している大学もある。イタリアでは医学部等は別にして誰でも希望大学に入れるが、卒業は厳しい試験をパスしないとできないから、大学を出たかどうかは大いに意味を持つが、出身大学の差別化は生じていない。

日本でも立派な「建学の精神」を持つ、数多い私立大学があり、多様性ある人材を世に送り出している。大学がビジネスとして成り立つはずはないのに、私立大学は著しく乱立し、いずれも経営基盤がきわめて脆弱である。その結果憲法八九条の定める公の支配に属さない教育への公金支出が行われ、憲法違反が堂々とまかり通っている。

官僚制度のところで述べたように、東大出身者の財務官僚を頂点に形成された戦後の日本のエスタブリッシュメントは少しずつ変わりだしている。本来この大学は明治時代に貧しいが優秀な子弟を官界に登用する目的で設立されているので、設立趣旨には合致しているといえるが、厳しい受験戦争の結果、東大入学に富裕層子弟が圧倒的に有利となった現状から見ると問題が多い。授業料が安いことのメリットを説くものもいるが、東大の学生の親の平均年収がおそらく私立大学を含むいかなる他の大学のそれよりも高いのであるから、逆平等である。貧しい子弟の教育の問題はスカラーシップを学生に出して、大学は私立、公立差別せずに支援するのが適当であろう。私学助成が不適当というのであれば、私学への寄付を所得控除ではなく政党への寄付と同様に税額控除にする等税制上の措置で対処することも考えられよう。

知識習得のみで単線化するのは危険

私が「偏差値が高く同質性の高い学生が一大学に集まり、ここが日本のエスタブリッシュメントを支配する構造は種々の問題点を生み出している」と指摘したのは、日本の教育全般にわたり最大の問題は、競争路線が単線になってしまったことであると考えるからである。生徒の評価に当たり知識習得力、判断力、体力、統率力、審美力、協調力などが総合的に評価されなければならないのに、知識習得力、それも知識や事実を単に記憶、再現する能力だけで評価が行われているきらいがある。上方志向を持つ有為な学生が多様な分野へ散らばるべきなのに、立身路線が単線化するとこれが妨げられることである。特定大学出身のパスポートで一生が楽に暮らせるというようなことは絶対にあってはならない。特定大学に入ることが人生の目的のようになるのは完全に本末転倒である。

いずれの組織でも構成員の発想が多様性を失う時にはその組織は脆い。かつて特定私学の卒業生を偏って採用した名門企業が破綻したのも、学閥、同質化が原因だと指摘された。日本社会では多様な発想に基づく活発な議論がなく、異なる意見や見方は尊重されるというより厄介視される。いずれの世界でも筋を主張すれば「それは正論ですが」とむしろ嫌われる。そしてある方向への「空気」ができるとそれに従わないものは「空気が読めない」と疎外される[20]。だから当たり障りのない意見が横行する。多くの外国人は同じアジア人でも、日本人よりも韓国人や中国人の方が話がずっと面白いという。私はその気持ちはよく分かるが、何とかして是正する必要がある。

偏差値重視は問題であるが、他方出世が拝金主義に堕せば、これも問題である。学生の間に、起業で一攫千金をつかもうという風潮が漲る大学もあると聞く。これも行き過ぎであろう。近年の科学やスポーツの世界での日本人の目覚ましい活躍は、日本の若者にいろいろな世界に夢を持たせる結果となっていることは喜ばしい。人生設計の路線が複線化することは、偏差値で人間の価値が決まり、一生が左右されるような風潮を打破し、それぞれの人間の持つ持ち味や特性が重視される明るい社会に繋がるであろう。

一芸に秀でたものを入学に当たり評価したＡＯ制度は私立大学が始め、しだいに国公立大学の入学にも及んでいるのは歓迎すべき傾向である。大学ブランドは意味を失って来ていて、企業は新入社員の採用に当たり出身大学を限定しないようになり、私のように私立大学から官僚になるものも多数現れている。世の母親もこういう現実をよく観察して、入る大学にあまりこだわるのを止めた方がいい。子供が一度限りの人生でやりたい夢を大事にして、これが叶うように温かく親の愛情を注ぐことが教育において最も大事なことではないだろうか？

最後に世界の中の日本の教育の視点から見るといろいろな問題が指摘されている。社会が少子化すると、必然的に学生の絶対数が不足して来る。既に希望する学生はすべて大学に進学できる「大学全入」時代となっている。最大の問題は大学が乱立し、生き残りのために大学間の競争が激化していることである。二〇〇四年から国立大学が「法人化」され、全国に旧官立大学の国立大学法人が八五校生まれ、文部科学省のコントロールを離れ、自己責任のもとに主体的な運営を行い、私立大学と生き残りを懸けた競争が始まっている。近隣諸国からの留学生を受け入れる努力が払われて、英語で授業を受けられる優れた大学もいくつか生まれている。特定の学科に特化する大学もある。旧国立大学の多くのもの、東大、京大を筆頭にする旧帝大系の大学は主要都市に立地条件の良い広大なキャンパスを持つから、私立大学に比して圧倒的に有利な立場にある。大学間の格差は拡大し、卓越した研究拠点（center of excellence）には国からの科学研究費が優先して配分される。さらに大学は国内的に熾烈な競争に晒されるだけでなく、国際的にもその卓越性を示さないと国際競争に敗北する時代となっている。優秀な学生が、英米のみならず中韓さらにシンガポール等の優れた大学に向かうことになれば深刻な事態が生まれるという危惧が深まっている。

日本の教育の孤立化

しかし、米国ライシャワー東アジア研究所長のケント・カルダーが指摘するように、大きな問題は日本の教育面での孤立化の傾向が深まっていることであろう。同教授によると全米で日本人留学生の数はこの一五年間に半分以下に減り、二〇一三年には二万人を下回った。全米の大学で学ぶ韓国人は日本人の三倍以上、中国人は一二万人以上である由である。海外からの留学生の数も日本は一四万人弱で低迷し、他方中国へは二倍以上が向かっている。同教授は若者が留学を通じて構築する人的なネットワークが将来の国際関係の源泉になることを考えると、この状況は憂慮すべきであると指摘する。その理由として、少子化で若者の数が減少している、快適な日本の環境が若者に海外でのリスクをとりたがらないことを挙げるが、同時に制度面で日本人学生の英語力の向上、秋入学等の大学の日程を変えること、奨学金制度の拡充、日本留学後の日本で就職する機会の増進が必要であると指摘する[21]。

英語教育の問題は戦後幾度となく真剣に議論が進められた。最も際立っていたのは平泉・渡部論争であろう。一九七四年に参議院議員の平泉渉が自民党政務調査会に対して提唱した外国語教育の現状と改革の方向についての試案は、非効率で不必要な日本の英語教育を徹底的に批判して、国民の五％（六〇〇万人）が英語の実用能力を持てばよい、大学入試に英語を課さないという内容であった。これに対し英語学者の渡部昇一が猛反発して、「諸君」誌上で数次にわたり激越な論争が行われた[22]。

私にとっては正論と見える平泉渉の問題提起に対して、英語教育擁護の立場から渡部昇一は、レトリックを駆使してこの試案は「亡国」の言説であると断じ、そもそも英語教育はすぐに使える能力を養うのではなく、必要に応じてその上に追加的な努力をすればすぐに光り輝く「潜在力」をつけると主張した。また「受験英語の悪名はいかに高かろうと、それは他学科の能力との相関性がずば抜けて高い。大学受験から英語をなくしたら何をもって受験生の選択を行うつもりなのか」と反論した。英語教育が再び脚光を浴びている現在、この論争を再び読み直してみることをお勧めしたい。そこにはこの論争についてのあらゆる視点が示されているからである。英語習得のモティヴェーション（動機付け）のない時代に、高校・大学受験のための「必要悪」として英語教育がなされたことが英語嫌いを増やしたことは疑いをいれない。永年の英語教育の結果、「潜在力」をつけた学生は機会が与えられれば簡単に実用能力をつけられるとか、英語授業は国語力をつけるという渡部教授の議論は詭弁だったようである。そして今や表面的な会話能力重視の英語教育を小学校の高学年から導入するという方向に進んでいる。他方大学卒業生で知的に高い英語の基礎ができている者の比率はどのくらいいるのであろうか？　この論争の結果ではないだろうが、結果的には平泉提案は葬り去られ、英語教育になんらの革新的な変化がないままに推移して今日に至っている。外国で仕事をする日本人のビジネス英語力は貧弱で飛躍的に改善の必要性が叫ばれている。グローバリゼーションとインターネットの普及で、田舎でビジネスをしていようが都市で流通に従事していようが、成功のためには英語の習得が必要という時代になった。英語習得のモティヴェーションは高まり、英語教師が不足するので、腰の重かった文部省（現・文部科学省）も外国人のボランティア教師を英語の補助教師として拡大することに踏みきった。学生に英語の「潜在力」も「顕在力」のいずれも付与できなかった文部省の外国語教育方針は、戦後七〇年、間違いを続けてきたと断じてよいであろう。

複雑化した社会で学ぶべきことはあまりにも多い。学習が大学卒業で終わるのでなく、生涯教育が必要である。他方教育には公民教育の側面があり、この面での日本の教育システム、カリキュラムは重要である。日本社会は理想を失い、道徳が頽廃し、人間への信頼を失い、若者がニヒリスティックになっている。「ゆとり教育」が目指すエリート優先主義は、深刻な教育格差を招いている。財力のある親が、財力にものを言わせて子供を良い塾に送り、塾で育った優秀な子供が一流大学に入れる。当の子供はと言えば、一流大学に入ることで人生の目的が達成されて、学園は遊び場となっている。落ちこぼれた敗者は、登校を拒否して引きこもり、ニートの増大を招いている。

個人の資質に生まれつきの部分があるのを否定するのは偽善である。限られた天才は何時の世でもいて、どんな環境でも芽を出し、茂って、実りをもたらす。エリートと天才を混同してはいけない。極論すればわずかな天才はいかなる教育制度の下でも生まれるが、財力で作られた、限られた「エリート」が多少いても、生きる意欲を失った相当数の落ちこぼれを生み、気力を失った多数のマイホーム社会人が社会を維持するという日本に未来はあるのだろうか？繰り返しになるが、教育は単線路線でなく、複線であるべきで、知識習得力だけでなく判断力、体力、統率力、審美力、協調力などいろいろな能力の保持者がそれぞれ評価される社会であってほしいと思う。

9　文化——東京は世界水準の文化都市

明治以降西洋音階が採用されて日本の学校では西洋音楽が教えられたし、服装、住宅を含めあらゆる面で日本の文化は完全に西欧化していた。戦後日本では文化的に圧倒的なアメリカ化が進んだ。敗戦が圧倒的なアメリカの科学技術に日本が敗れた結果であると広く信じられたこともあるが、占領軍が持ち込んだジープからＬＰレコードやチューインガムにいたる魅力的な米国商品、高い生活水準に日本人が強い憧れを抱いた。これは世界的な現象で日本が例外だったわけではない。

戦後日本はこれからは文化国家とならねばならないとよく言われた。日本を再び戦争を起こさせない米国の政策の下で、軍事力は言わずもがな、経済力すら掣肘《せいちゅう》される中で、日本民族のエネルギーのはけ口が消去法で、文化に求められた面も否定できない。ただ文化国家であるべきと言いながら、文化政策の面で革新的な努力が払われた形跡はまったくない。

日本文化のユニークな特質は、華道、茶道、俳句、和歌等に見られるように、生活の中にある文化ということである。また能から歌舞伎に至る日本の伝統芸能文化は、連綿と続く世襲制度に支えられている。女性の解放でお嫁入りのためのお稽古事は比重を下げたが、生活に溶け込んだ日本の文化の生命力は強い。

文化施設については、美術館、図書館、演奏会ホールは大都市だけでなく、全国に広く造られている。バブルの時代に地方自治体の勲章のように造られたものもあるが、結果的には、無数に来日する外国の楽団、音楽家を含めて高い水準の音楽が日本中で聴けるようになっている。今日図書館へ行けば高齢者が熱心に読書を楽しんでいる。東京では複数の美術館でレベルの高い世界中の美術・文化展が常時開かれ、一晩に数カ所の演奏会ホールで上質のコンサートが聴かれる。東京の文化水準は、今やニューヨーク、ロンドン、パリに匹敵する。

日本の固有文化の再認識は、繰り返す金融危機の結果いわゆるアメリカ的グローバリゼーションの限界が見えて来た二一世紀の始まり頃から本格的に始まっていると見られる。日本発の漫画やアニメや日本食が外国でもてはやされ、日本文化は「クール」だと言われて、日本人はすこし自信を回復しているが、民族文化教育の完全な欠落状況があまりにも長く続いたために、日本人は日本的なことは何かというアイデンティティ意識（自己同一性、自己認識）が欠落してしまっている。衣食足りて礼節を知るという。日本人が衣食が足り、若干自己の文化についての自信を取り戻しつつあるかに見える現在、新しい文化の議論を行い、そのアイデンティティを確認するのは大いに意義があると思う。憲法の前文に日本の伝統や文化を書き込むべきであるという意見はこの一〇年で支持者が増えているようで、いろいろな改正案に何らかの形で取り入れられていることはご同慶の至りである。

10　日本社会の変質——家族の核化と女性の地位の向上

戦後新憲法下で、日本社会において最も変わったのは、家族の核化と女性の地位の向上であろう。一つ屋根の下に年老いた祖父母に夫婦と子供の三世代が住み、介護を含む家庭内労働が専ら主婦の負担という状況は、今や都市部では完全に消失している。戦後の新しい家庭像は、夫婦と子供を基礎とするマイホームで、老いた両親はスープの冷めぬ距離に別に暮らすがよいとされた。

この核家族化で大きく失われたのは、家庭教育である。放任されて育った親には家庭で子供を躾けることができないものが多かった。三世代同居による社会常識の世代間継承が断ち切られたことの影響も見逃せない。悪いことに戦後教育には道徳教育が欠落していた。家庭教育による躾がなされていない子供への道徳教育は、すべて学校に期待されたが、教師には指針がなく従って権威もなく、教師自身の質も著しく劣化していった。この相乗効果は無視できない。結果として日本では社会道徳と倫理観が際立った低下をして、今日に至っている。「恥」の文化と呼ばれた日本社会には、政治家から子供まで、既に羞恥心はほとんど失われてしまったように見える。「義理」は歌舞伎の中ぐらいしか存在せず、人情も紙のように薄くなった。キリスト教社会のように、宗教が「罪」の意識を教えることのない日本では、気にする度合いが遥かに低くなった「世間体」と「因果応報」と「恩返し」の思想だけが、わずかに残る日本人の倫理的な自制心の根拠となっていると言っても過言でないだろう。

地域社会の連帯も、戦後都会では意図的に隣組《となりぐみ》が否定され、今や隣人すら知らないのが通常である。農村でも少子化が進み過疎となり、「ムラ」意識もしだいに弱まっている。ただ表面的には全国的に祭りが賑わいを取り戻しているのを見ると、地域社会の結びつきを強めようという気持ちが少しずつ戻っているのかもしれない。いずれにせよ子供の自殺、老人の孤独死の報道は引きも切らず、日本社会では人間疎外が著しく進んでいるようである。

二〇一一年、未曾有の大震災と大津波が東日本を襲った。甚大な被害にもかかわらず、被災地では規律が保たれていた。また全国から多くのボランティアが被災地に駆けつけた。このことに諸外国は驚きを持って日本を見つめたが、日本人自身にも意外だった。日本の伝統的な道徳律の中にあった相互扶助の精神が健在だった。「絆」という言葉が国民的なモットーとなった。しかし、これも喉元過ぎれば失われていく一過性の現象かもしれない。日本社会にいかにして公衆道徳を復活させるかは、依然として大きな問題である。

女性の地位は格段に向上した。男女同権を法的に保障され、冷蔵庫、洗濯機、テレビ、マイカーという合理的で簡便なアメリカ化した生活様式は、女性の労働を大幅に改善した。一世代、二世代と世代が新しくなるごとに女性の暮らしは良くなった。既に見たように統計的にも、現在の女性の幸福度は、男性よりも高く、戦前と比べ天地の差がある。町を行く女性の身なり、お化粧も様変わりし、女性が美しくなった。昔外国に旅行した男性はパリやニューヨークを闊歩する若い溌剌とした女性に魅惑されたが、今や日本の女性はこれに勝るとも劣らない。日本女性が外国人男性と結婚するケースが増えている。

男性社会のさまざまな壁で、女性の社会進出は遅々として進まないが、結婚せずに働く女性も、共働き夫婦も常態化している。共働き夫婦が増えた結果として、育児や家事を行う男性も増えている。容姿の優れた男子の「イケメン」でなく育児に協力する男性の「イクメン」という言葉の登場がこの社会の変化をよく示している。あらゆる生活の局面で甲斐甲斐しく家事に協力する男性が見られる世の中になった。おそらくこの傾向は逆転しないだろう。

女性の感性が大事にされ、女性のみの企業も生まれている。二一世紀に入り、少子化で不足する労働力に女性のエネルギーが不可欠で、移民導入よりもまず女性の眠った力に期待しようという考えが日本社会に広く受け入れられている。欧米にはまだ遠く及ばないが、閣僚にも女性が任命されるようになり、企業役員中の女性比率が法律で設定される所まできている。ベアーテ・シロタが聞いたらこの変化にさぞ驚くことであろう。

人口の劇的変化——少子高齢化の進行

人口が劇的な変化を遂げたことも、この七〇年の日本社会の際立った変質である。戦後海外から約七〇〇万人の日本人が狭い四つの島に戻り、日本がはたしてこれからどうなるかと危惧された。一九四七年の臨時国勢調査の人口は七八一〇万人であった。ところが死亡率の劇的な減少もあり、一次、二次のベビーブームを経て、戦後人口は一貫して増大して、二〇一〇年に一億二八〇〇万人に達した。高齢化が進み、平均寿命は男女ともにどんどん伸びて、二〇一三年には女性が八六・六歳で世界一になり、男性も八〇歳を超えた。

非婚化と女性の結婚年齢の上昇で出生率が著しく低下し、「期間合計特殊出生率」（女性が一生に産む子供の数）は二〇〇五年に一・二六まで下がった。高齢化に加えて、日本社会では少子化が継続して進んでいる。二〇一〇年を境に日本の人口は逓減を始めて、二〇六〇年には約八七〇〇万人弱に減るという予測が示されている。[23] 二〇一三年に増田寛也元山形県知事が主宰した政策提言機関である「日本創成会議」の下の「人口減少問題検討分科会」が発表した衝撃的な報告書は、人口が地方から東京へ集中する中で、地方の二〇歳から三九歳の女性人口が急減しつつあり、この傾向は最後には東京にも波及して、人口の再生産がある時点から回復不能となる構造ができていることに警鐘を鳴らした。これは少子高齢化問題について、これまでどちらかといえば、高齢化対策に重点が置かれた政策から、少子化対策を飛躍的に拡大する必要を指摘するものできわめて注目される。(24)

日本列島の適正人口規模がどのくらいかという議論はほとんどなされていない。私は七〇〇〇万人ぐらいの人口が適正規模ではないかと密かに思うが、第二次安倍内閣で初めて、一億人で下げ止まらせるという考えが示されたのは、少なくとも前進である。当面は女性と定年年齢の引き上げによる高齢者という二つの労働力供給源により、現れ始めた労働力不足を緩和することが当面の課題となっている。移民の受け入れについては強い拒否反応があり、技能所有者に限るという考えはおそらく将来も変わらないと思われる。日本が適正人口を守るために大規模な移民を受け入れるという発想に転換する日が来るとは到底思えない。

経済低迷が社会保障制度を直撃

右肩上がりの経済の時代には国民の生活水準も右肩上がりに向上して、一億総中産階級化と言われた時代もある。しかし人口の増加が止まり、生産性の上昇にも限界があるために、「失われた二〇年」を通じて経済はしだいに停滞、縮小の方向に向かった。少子化と高齢化の経済に及ぼす影響はあらゆる面で深刻になった。年金制度と医療保険制度が維持できなくなった。同時に要介護人口が増えるので介護保険制度も負担増が避けられなくなった。財政に占める社会保障費は拡大の一途を辿り、財政自体が破綻した。税収不足から国債発行が急増し、二〇〇九年度以降四年にわたり、歳入において公債の発行額が税収を上回るという異常な状態が続いた。債務残高は二〇一三年には、GNPの二・四倍に達した。財政当局が警鐘を乱打するにもかかわらず、国民の側には増税には強い抵抗があり、二〇世紀末には、消費税の導入や消費税率の引き上げを試みた内閣が何度となく倒れた。当然のこととして、社会保障制度の先行きが暗くなり、社会不安が増大し、大きな政治問題となった。二一世紀に入り国民はしだいに負担増が避けられないことを受け入れるようになった。二〇一二年に「社会保障と税の一体改革」の三党合意に基づいて消費税の一〇％までの増税が決まったが、これで年金・医療制度の維持のコストを賄うメドがつくのかどうか、国民は未だに半信半疑である。

現在生まれているのは、小泉内閣時代の自由主義的な経済政策が社会の格差を増大させたという問題意識である。確かに下層の増大の傾向は見られるが、日本の経済格差は米国や中国に比して比べ物にならないほど小さく、所得は中間層に集中している。しかしこの問題で意味があるのは、国際的な比較でなく過去との比較である。低い生活水準の国における経済発展の中での格差の拡大と成熟社会の中での格差の拡大とは政治的な意味合いがまったく異なる。前者の格差は富と幸運が明日は我が身に及ぶ希望があるのに反して、後者の場合には不満と不安を培養する要素となる。

これからは限られたパイの分配を巡り、世代の間や、都市部と農村部の間や、いろいろな階層、利益集団の間の、政治的な調整が日本社会の大きな問題になるであろう。これからの大きな政治的な対立は、年金問題にせよ租税体系にせよ、ほとんどが世代間の対立を含むこととなる。支持政党なしを決め込んだ若者たちにも、安易な先送りの政治を認めれば将来大変なつけが回ることがしだいに判ってきた。若い世代は今後は発言権を高める方向に進むであろう。憲法改正の国民投票も一八歳まで引き下げられるのは適当であるが、若者の政治意識が政治参加の方向に進むかどうか、また現在の政治システムが格差拡大のもたらす圧力に耐えうるかも分明でない。

（1）早くも一九四六年の三月にチャーチル前英国首相は「鉄のカーテン演説」を行い、共産主義の東欧支配に警鐘を鳴らし、一九四七年にはスターリンの主導でコミンフォルムが結成された。
（2）孫崎亨著『日米同盟の正体――迷走する安全保障』講談社現代新書、二〇〇九年、「はじめに」三―七頁
（3）ジョン・ダワー著、増補版『敗北を抱きしめて』岩波書店、下巻四〇頁
（4）ルース・ベネディクト著 *"The Chrysanthemum and the Sword"*, Houghton Mifflin、一九四六年、六八―七〇頁、同著、長谷川松治訳『菊と刀』社会思想社、一九九七年、八一―八二頁

（5）敗戦直後の時点で高名な文化史家の和辻哲郎も象徴天皇制は日本の伝統であると主張している（和辻哲郎全集、第一四巻、岩波書店、三一九―三五四頁に一九四八年に勁草書房より出版された和辻の「国民統合の象徴」と題する論文参照）。

（6）第一六回衆議院選挙の際に男子二五歳以上の者で実施された。婦人参政権は戦後の一九四六年の最初の衆議院選挙から。

（7）田中角栄は三三本の議員立法を行った。中でもガソリン税を道路インフラ整備の財源とする議員立法は有名である。ある意味では、議員立法は政治家が官僚の保守性を打破する一つの姿であろうが、これには田中角栄という政治家の異能と血の滲む努力と勉強が与っていた。簡単に普通の議員ができることではない。早野透著『田中角栄』中公新書、二〇一二年、一〇三―一一二頁

（8）藤井裕久著『政治改革の熱狂と崩壊』角川書店、二〇一四年、一四―一五頁

（9）ジョン・ダワーは戦後日本の経済政策決定者はエリート大学出身者で、学生時代にマルクス経済学者の薫陶を受けていて、経済に対する国家の介入を是とする思想の持ち主であった、占領軍が冷戦の開始後いわゆる「逆コース」を取るに及んで、二〇世紀末の今日まで続く、政治家と官僚と企業人の保守的なヘゲモニーが確立したとしている。ダワー前掲書下巻、三五五―三五七頁

　近年このエスタブリッシュメントの実体についていろいろ書かれるようになったことは結構なことである（中川秀直著『官僚国家の崩壊』講談社、二〇〇八年や、波頭亮著『成熟日本への進路』ちくま書房、二〇一〇年）。大蔵省支配については異見もあるので紹介しておこう。藤井裕久は「日本の政治が、良く言われるような『大蔵省支配』であるならば、今のように、国債残高が一〇〇〇兆円を越えることもなかったであろう。この残高を見れば、政治との戦いにおいて、大蔵省は敗北の連続だということがわかる」と述べる。藤井裕久前掲書、一六一頁

（10）選択編集部編『日本の聖域』新潮文庫、二〇一二年、一七一―一八四頁、国営の「穀

潰し」独立行政法人参照
(11) 波頭亮著『成熟日本への進路』ちくま書房、二〇一〇年、一九二―一九六頁。中川秀直著『官僚国家の崩壊』講談社、二〇〇八年、三三―四一頁は「やまびこ方式」と名付けた官僚の政治家操作を描いている。また中川は、官邸を官僚が如何に支配しているかを村山連立政権の際の村山首相補佐を務めた経験と小泉内閣時代の政務調査会長としての経験から「霞ヶ関支配」の実相を克明に述べている。前掲書、三七―六四頁
(12) 内閣府二〇〇八年『国民生活白書』五七頁。『国民生活白書』はこの平成二〇年度（二〇〇八）版が最新版である。
(13) 二〇一三年八月内閣府発表の「国民生活に関する世論調査」は一万人の成人が対象でその六四％が回答した結果として、満足、まあ満足、やや不満、不満の四段階評価で、前二者の合計が一八年ぶりに七〇％を超えたとしている。なお一九六三年からの五〇年間で最も「満足度」が高かったのは一九九五年で、その後は下降していったが、二〇〇八年から上昇傾向に転じている由である。
(14) ルイジ・バルジーニ著、浅井泰範訳『ヨーロッパ人』みすず書房、一九八六年、二〇四頁
(15) 増田寛也編著『地方消滅』中公新書、二〇一四年
(16) 冨山和彦著『なぜローカル経済から日本は甦るのか』ＰＨＰ新書、二〇一四年
(17) 森口朗著『日教組』新潮新書、二〇一〇年、五三頁
(18) 森口前掲書、五四―六六頁
(19) 例えば新しい歴史教科書を作る会による『国民の歴史』（文芸春秋社、一九九九年）や自由主義史観研究会による『教科書が教えない歴史』（産経新聞社、一九九六年）
(20) 山本七平は日本では「あらゆる議論は、最後は『空気』できめられる」と喝破し、「あの戦争」を始めたのも「空気」だとする有名な本を書いた。山本七平著『空気の研究』一九七七年、文芸春秋社

(21) 二〇一四年九月一四日、毎日新聞「時代の風」
(22) 『英語教育大論争』文春文庫、一九九八年
(23) 国立社会保障・人口問題研究所、平成二四年一月発表
(24) 増田寛也編著前掲書

第二章　新平和憲法で新しい指針を

現行憲法下での巨大な変化

外国の友人達は日本は変わらないと、ある時は不満を込め、ある時は呆れ顔で、言う。日本人、特に日本がアメリカと戦ったことすら知らないと言われる若い世代の日本人は、今の日本に慣れ切っているので、これが当たり前と思うかもしれない。しかし実際には、日本はこの七〇年で信じられないような大きな変貌を遂げている。若い人にどう変わったのかをぜひ具体的に知ってもらいたいと思う。また外国人、とりわけ近隣の友人たちには日本がこの七〇年にほとんど別の国になったような本質的な変化を遂げていることに気づいてもらいたい。

七〇年前の寒い冬の日に戸田橋で荒川を渡り、灰燼《かいじん》に帰した東京に入った少年の私が、突然にタイムトラヴェルして、今の高層建築が林立して、スーパーにモノが溢れている東京に降り立ったら何と思うだろうか？「僕はアメリカに来たのか」と。そう思って、あたりを見回すが、星条旗はどこにも見当たらない。あの日の丸の旗も見当たらない。通りには緑、白、赤とか、青、白、赤の綺麗な三色旗に交じって、所々に茶色と緑が目立つ見たことのない国旗も見える。「ここはどこなのだろう？」

そう、ここは日本なのだ。モノに溢れ繁栄しているが、どこか無国籍な日本という国なのである。読者は既に前章で七〇年の間に、この国がどう変わったかを見ている。この章の目的は、この国に住む日本人が、この国がこのままでいいと思うのか、あるいは、理由はさまざまだろうが、このままでは先行きが心配だと思うかを、胸に手をおいて真剣に考えてもらうことにある。

まずこの七〇年の間に確立したことから始めよう。日本国の主人は国民であるという主権在民の基本的な考えはいかなることがあっても動かしえないと思う。国を維持し進化、発展させる条件を整えるのは政府であるが、政府が主人なのではなく、成人国民が男女を問わず一票を持ち、選挙により立法の府を構成する国会議員を選ぶ、その国会が首相を任命する。この議会制の民主主義の体制を国民が変えようと考えることはないであろう。天皇が国民の尊敬を受けて、国を象徴する権威であることを変えようと考える国民はきわめて少ないであろう。しかし、連綿と続く天皇が、この国で他の国にない特殊な権威を有すると言っても、それは国民が認めているからであって、天皇が政府の上に立って、政府に指示を与えることが適当と考える国民は、今日の日本では、騒々しい街宣車を町に走らせる人たち以外には皆無と言っていいだろう。また天与のものであるか、徐々に克ちえたものであるかは別として、国民は基本的な人権を保障されていて、それを政府が侵害する時には、国民は政府とは分立した権限を有する裁判所に訴えて判断を仰ぐことが保障されている仕組みを不都合と思う国民もいないだろう。そしてこれ等の仕組みは憲法に明記されていて、政府もこれを守らなければならないという立憲主義の考え方の正当性を疑うものはいないだろう。その憲法を修正することは国民の過半が賛成しなければ不可能となっている。簡潔に言えば、日本では国民主権、立憲主義、議会制民主主義、基本的人権の保障が確立しているということである。

国が資源や領土の獲得のために、外国を支配することを考えるべきであると主張する日本人は狂人と思われるだろう。他方国土を外国から攻撃された時に備えて自衛力を持つべきという考えに異論を抱く日本人は確実に減って来ていて、今や大多数の日本人は自衛のための軍事力に税金を支払うことを承認している。他国と争うことなく平和裡に共存したいとする平和主義は全国民の願いである。「民主主義国家は戦争を始めない」と言われるが、まさに日本は確立した民主主義国として、自ら戦争を他国に仕掛けないという平和主義を国是としている。

私はこれらの基本的な国の方針は日本に完全に定着していると考える。そして現行憲法が果たした役割は正当に評価されなければならない。さて以上を確認した上で、今の日本に問題はないかを見ていくことにしたい。

1　正統性の欠如――必要な国民意思の表明

私が最大の問題点と思うのは、立憲主義の基本であるわれわれの憲法が一度も国民の投票によって国民の意思として承認されていないことである。

現在の憲法の前文には「日本国民は……正当に選挙された国会における代表者を通じて行動し……この憲法を確定する」とある。外見的にはこの憲法は明治憲法の改正として連続性を持って、日本人が選択したように書かれている。しかし、これがまったくの偽りであることは、すでに多くの識者により明らかにされていて、今や国民的常識となっているし、多くの書籍もあるのでここでは特に触れない。第九条と併せて日本の平和主義の聖典のように思われている現行憲法の前文は、ハッシー（アルフレッド・P・R・）という弁護士出身の海軍中佐が、一人でアメリカの独立宣言やリンカーンの演説など古今の名文書を、今の言葉で言えば適当に〝コピペ〟して書いたものがほとんどそのまま採択されている。七年間に及ぶ日本占領のもとで、真実を覆い隠すために行った占領軍の世論操作は巧妙で徹底的で、憲法の改正が占領軍の指示であったことすら厳重に検閲されていた。いまでもこのマインド・コントロールは力を持っている。しかし「鏡張りの部屋」の外から日本を見ていた近隣諸国は、現在の日本国憲法は日本国民が自ら選んだものでないことを知っている。ある意味では現行憲法は日本が米国の従属国であることを象徴していると見られていると言っても過言ではない。近隣諸国からすれば、結構な話で、日本人が自前の憲法を持たないのはおかしい等とは口が裂けても言わない。

国民の意思表示がないという点についてさらに言えば、現在の憲法は形式的に明治憲法を改正したものとなっているが、その憲法自体も、明治天皇から臣民に「不磨の大典」として宣布された「欽定憲法」であって、国民や議会が選んだものではなかった。一応改正規定はあったが、「不磨の大典」であるから、当然のこととして敗戦まで五〇年間一度も改正されなかった。

つまり日本国民は歴史的に一度も自ら憲法を選ぶことも、改正することもしていないのである。自嘲的に聞こえるだろうが、私はこういう国家が立憲主義を云々するのはそもそも笑止千万で恥ずかしいことだと思う。世界の多くの民主主義国家において、憲法そのものの採択とその改正は最終的に国民投票に付される。国民投票を経ることにより、憲法は完全な正統性を獲得できるのである。非民主主義国や全体主義国家との差はここにある。私は日本人が一体感を欠き、自分の国のことを斜めに見るような構えでいることの背景には、自ら憲法を採択したり改正した経験がまったくないことが与っていると思う。自国の憲法に国民が直接に意思表示をすることにより、日本と日本人は国家の根底についての正統性を内外に宣明できるのである。私はこのことにより回復される国家の尊厳と誇りは絶対的なものであると信じるので、問題点の第一に挙げたい。

2 「あの戦争」への区切り――歴史は後世史家の判断に

第二の問題点は、現行憲法の責任ではないが、「あの戦争」の超克の問題である。私は日本の大きな問題点は、「あの戦争」について日本人の心に深刻な亀裂を引きずっていることであると思っている。「あの戦争」は祖父母の時代のことで、まったく関わっていない世代の国民が、いつまでも後ろめたい気持ちを抱かされるのは気の毒で、堪え難い。私自身も戦争には関わっていないが、「あの戦争」の最後に連なる時期を知っている人間として、何時の時点かに、過去に区切りをつけて、晴れ晴れとした国民として日本人が世界に胸を張って闊歩できる日が来ることを望んで来た。

私はこの本で最初から「あの戦争」という言葉を使っている。(1) 日本においては、国民的に皆が違和感なしで使える一九三〇年代から四〇年代までの諸戦争を総括する呼称は存在しない。「太平洋戦争」と呼ぶことにも「大東亜戦争」と呼ぶことにも、人それぞれに何らかの抵抗感がある。私もその一人であるが、強いて呼ぶ時には「あの戦争」と呼ぶ人が少なくない。なぜこういう気持ちになるかというと、欧米では太平洋戦争と総括されるこの戦争には、三〇年代から始まる日本の中国への侵略の側面と、太平洋を挟んだ日米両国間の対立を背景に、欧州への米国の参戦があり、第二次大戦の一部としての日米戦争という二つの大きな側面があるからである。日本人は中国大陸への侵略については過ちを認め、中国に謝罪するのにやぶさかではないが、対米戦争については半分の責任は「日本を追い込んだ」米国の政策にあると考えがちである。「ハル・ノート」は、日本に非現実的な要求を突きつけ、対米協調論者をしても対米戦争以外の選択がないと感じさせた。時の経過とともに、内外の歴史学者の間でも、ルーズベルトの軍事戦略の基本が日本を参戦させることにより、欧州戦線への米国の参戦を実現することであったという史観が出て来ている。日本を米国と争わせるという国際共産主義の策動も無視できないという史観もある。ただアメリカとの関係では、日本人は心の中では、日米戦争はいわば「チャラ」で、原爆投下も含めその敗戦の報いは既に支払っていると思っている。

ヒトラーが周到な準備のもとにユダヤ人を抹殺しようとし、失地回復と欧州制覇を企てたのとは異なり、私は日本の場合には中央が、計画的な軍事行動を実施したと言うよりも、出先の軍部の暴走を中央が止めることができず、軍律の弛緩から占領地における兵士による恥ずべき蛮行が行われたというのが実態により近いという考えである。日米戦争に至る経緯を仔細に検証すると、どう見ても、日本の指導者が法に反して「謀議」を企んだ末の戦争とは言えない。つまり日独の戦争の間には、冷酷な計画的な殺人と、激情による殺人の違いがあると思う。

加えて明治以降ヨーロッパによる植民地化の恐怖を常に感じてきた日本の伝統的な国民感情の流れの中では、ヨーロッパの植民地を解放し、自己の支配下に置くことには国民の間に当然視する気持ちがあったことも無視できない。日本人の心の中には一億一心一体だったという感情もある。善かれ悪しかれ、日本人の多くは今に至るまで、悪しき過去を何人かの当時の政治指導者の責任と割り切って、自分と切り離すという考え方をとっていない。欧米のしたことは是で、同じことを日本がしたら否であるという、二重基準に対しては未だに国内にきわめて強い異論がある。

戦勝国が戦敗国を裁くのは、今次大戦の後、史上初めて行われたことである。第一次大戦においてもドイツ皇帝ウィルヘルム二世の断罪は行われていない。戦勝国も戦敗国も道義的には対等と考えられ、戦勝国が戦敗国に道義的な責任を問うということはなかった。戦争は敗戦国の軍事的な破壊と領土の喪失、賠償の支払い等により解決し、講和が結ばれた。カルタゴは灰となり、それがローマとの戦いの帰結だった。

「東京裁判」をめぐる日本人の心の中の葛藤

ここに「東京裁判」を巡り、日本人の心の中には、外国から見るとリヴィジョニストと見られかねない心理面での深い葛藤がある。ニュールンベルグ裁判と東京裁判では、事後法として「平和に対する罪」と「人道に対する罪」が創設されて、戦争責任者が処罰されたことは、基本的には米国の考えに基づく。東京裁判の判決に名を連ねることを潔しとしなかったインドのパル判事がいみじくも述べたように、これは政治的な性格の裁判であったことは否めない。この政治裁判が単に先の大戦に終止符を打つだけのものであれば、敗者としての日本人にとり、受け入れやすかっただろう。念のいったことに、米国は東京裁判の正当性を将来にわたって確実にするために、対日平和条約の中に、東京裁判の条項を置いた。また占領下の言論統制が徹底的であったために、日本においては東京裁判に対する批判的な意見は、「政治的に正しくない意見」として定着し、これに異を唱える意見は異端の言説として最近に至るまで市民権を持ちえなかった。

日本人が自らの手で戦争責任者を裁いていれば、事情は相当に異なっていたであろう。戦勝者による裁判でなく、日本人自らが戦争責任を裁くことが認められていたならば、アメリカの観点からは、不十分な日本の戦争指導者の断罪に終わった裁判になったかもしれないが、日本人が自ら日本人の戦争指導者を、日本人の観点から裁いたという視点が明確になっていたであろう。このことはきわめて不幸なことであった。また東京裁判と離れて別個に、日本人が自ら戦争責任を追及することが可能であったし、なされるべきであった。これは天皇の責任の問題に及ぶので、残念ながらついに行われなかった。これが行われていなかったことは偏《ひとえ》に日本人の責任であり、悔やんでもなお余りある。

基本的にコンセンサスによる決定をする日本人の政治決定の哲学からして、「あの戦争」は間違いだったかどうかは別にして、日本人の多くがあの時点では、あの選択しか残されていなかったと感じていたことは事実である。だからこそ戦争中のメディアの戦争協力という現象も起こったと考えるのが妥当である。欧米的な見方からすると、「あの戦争」は日本の一部の限られた戦争指導者が陰謀を行って、ファシスト的な大政翼賛会による全体主義的行動だったと見るだろうが、これは事実に合致していない。多くの日本人は「あの戦争」の最終段階である対米英戦争に熱狂したのである。戦後「一億総懺悔」が唱えられたのも、この反動である。日本人は、東京裁判で処刑された東条元首相以下を戦争犯罪人として、すべての責任を転嫁するという連合国の方針を受け入れてしまえばことは簡単だった。「歴史認識」の問題は起きなかったかもしれない。

しかし、感情的な側面からばかりでなく、知的水準の高い一般日本国民の眼には、東京裁判は内容的にもすんなり納得できるものでもなかった。この裁判は「法の不遡及」という近代法の大原則に反していたし、さらには証拠の採用などに恣意性が非常に強かった。この裁判が単に戦争を終わらせる儀式としての役割だけでなく、日本人にとり将来にわたり批判を超えるものとして受け入れることを求められたことはきわめて不幸であった。このような主張は近隣諸国や欧米の一部で、歴史修正主義として非難されるだろうが、戦争を経験した同時代の日本人の多くは、このような非難も甘んじて受けるという気持ちのものが多かったのも事実である。外国でもインドのパル判事のように当初からこれは偽善的な裁判であると見なしたものもいた(2)し、時の経過とともにジョン・ダワーのように東京裁判の政治的なショーの側面を指摘するものもいる(3)。

もう一つの後遺症は「あの戦争」が挙国的な戦争であったということから、依然として多くの日本人が責任を共有していると感じる心理である。世代を超えてのこの感情が継承されている点でも、日本人の意識は特異である。今でも一〇代の日本人がシンガポールで華人虐殺の記念碑の前で泣いて謝るという現象は、「幼さ」の故だけではなく、世代を超えた日本人のコンセンサス決定についての連帯責任の証拠でもある。

さて日本人は「あの戦争」について、いわば「政治的に正しくない」として表面では自制しているが、意識の下では割り切れない気持ちが「伏流水」のように内攻している。誤解が起こることのないように、ここで急いで指摘しておかなければならないことが幾つかある。第一はこれは一種の「民族の共同幻想」であって、これを基礎に何らかの具体的な行動に繋がるものではないということである。日本人の多くが、日本の近過去の歴史を、内外の歴史家が、客観的に評価してもらいたい(4)という気持ちを持っているということである。これはガリレオがローマ教会とは異なる地動説を心の中で持ち続けたような「心」の問題である。特に指摘する必要があるのは、日本は平和条約一一条で、東京裁判の諸判決を受諾しており、現在もこの規定を否定する言説は存在しない。日本が中国大陸への侵略の事実を否定したり、日本人を対米復讐心に駆り立てるものではない。

ただ私は戦争を知らない世代が日本の中心に位置するようになったときに、この後遺症がどのような表現をとるか予断を許さないと思う。むしろ戦前の日本の否定を「政治的に正しい」とするのは、時の経過とともに困難になっていくであろう。日本人の深層心理に存在するこの亀裂についても外部世界がもう少し考えを深めることが望ましい。

日本人が無責任な中国侵略に乗り出し、自国を荒廃と敗北に導いた指導者の責任を、日本人の視点で自ら裁くことをしなかったことは、顧みると日本人が「あの戦争」を今もって自己の公平な判断の下に置き得ない原因となっている。また中国に対して大きな負い目を感じる結果ともなっている。

歴史的な事実は否定しえない。起きたことは起きてしまったし、起きなかったことは起きなかった。しかし歴史的な事実をどう解釈するかは、それを論じる時点での価値観によって解釈され、潤色されることは避けられない。イタリアの歴史学者クローチェ（ベネデット・）が「すべての歴史は現代史である」と述べたように、時代と見る場所によって歴史は姿を変える。

著名なローマ史を比較してみればこのことがよくわかる。ローマの歴史については古今東西を通じて、多くの名著が著されている。有名なギボン（エドワード・）は英国下院議員で、彼の書いた『ローマ帝国衰亡史』は、一八世紀の確立しつつある英国の議会制民主主義の立場から書かれている。自ずから歴代皇帝の行状に批判的で、民主主義よりもより劣った体制である帝政のもとで、ローマがいかに衰退を辿ったかを示す歴史となっている。

一九世紀半ばドイツのリベラリストの歴史家であるモムゼン（テオドール・）の書いた『ローマ史』は、一八四八年の革命運動に示されたウィーン体制の桎梏《しっこく》から逃れたいと希求するドイツ民族の願望が挫折した直後の失意の中で書かれている。モムゼンがシーザーをあれほどの理想の人物として描いたことも、ドイツに統一と独立をもたらす英雄の到来を渇望するモムゼンの気持ちを知れば自ずと理解できるであろう。しかし彼はギボンとは反対に、共和制以降の帝政下のローマについては書いていないのである。

これに対し塩野七生の『ローマ人の物語』は、イタリア半島の一部族が、いかに帝国を築き維持したかを、非凡なローマ人たちの統治の技術や制度作りに多大の関心を払いつつ、叙述している。また彼女はローマ史を多神教の日本人の目で見ているので、非キリスト教時代のローマにも十分な興味をもち、キリスト教の眼鏡を掛けて見たローマ史とは趣を異にしているところが面白い。また一部族の発展と衰退の叙事詩としてローマ人の歴史を捉えているから、建国に始まり、帝国の没落に至る全時期を扱う構想の下で書かれている。おそらく塩野七生は、日本の興隆と衰亡の兆しを問題意識として抱えながら書いたのではないかと思う。それだけに日本人の興味を引くであろうし、韓国でもよく読まれていると聞く。

「歴史に学んだ」ことを明確にして戦争を超克せよ

日本人は過去に起こったことの事実はできる限り正しく認識する努力を怠ってはならないし、「賢者は歴史に学ぶ」との格言の意味する所を忘れてはならない。国が違い、時代が異なれば、自ずから歴史観は相違する。厄介な現代の問題は、戦後半世紀余り経過して、中国からいわゆる「歴史認識」問題が取り上げられたことである。日本がこの問題への対応で犯した最大の間違いは、日本の政治家が歴史というものは相対的なものであると割り切って、不毛の論争を行うことなく、歴史は後世の歴史家の判断に委ねるという立場を取るべきであるにもかかわらず、感情に溺れ、政治家がこれを内政と外交双方における政治の問題としてしまったことである。

日本政府は近隣諸国の要求を容れて、歴史認識を統一する努力を払おうとしたことがある。

欧州共同体に向けての、欧州の和解の過程で歴史認識の共通化が行われたことを引いて、東アジアでもこれに倣うべきであるというもっともらしい意見に引きずられたのであろう。しかし、現在の東アジア、とりわけ中国、韓国、日本の三国だけに限っても、共同体意識はまったく不在で、経済的、政治的に東アジア共同体の基礎は根本的に不十分である。このような状態で事実について意見を交わし、どの点で意見が異なるかを明らかにすることには意味があろうが、共通の歴史認識を求めることは政治的に不可能なことを求めるものである。ある国が日本に歴史認識を同じにすることを求めるのは政治的な意図を持つからであり、歴史を教訓とすることには反対する理由はないが、それぞれがそれぞれの歴史を教訓にすると理解するべきである。将来世代の日本人を、外国によるこういう不毛な政治的マヌーヴァーに煩わせることは避けたい。

政治家は「過去は過去のものとする（Let bygones be bygones.）」ために将来に向けて何をするべきかを、外国との間の共通の土俵にして、「不同意を同意する」精神の下で、賠償や補償の交渉をすべきで、結果的にでも歴史学者の土俵に乗ってはならない。遅まきながら、日本は是と非とを峻別した対応をすることを明確にする時期に差し掛かっていると思う。

憲法改正に当たり、われわれ日本人の平和主義は「歴史に学んだ」結果であることを明確にすることで、未来世代の日本人はこの不毛な歴史認識の罠から脱却できると思う。日本が日本なりに歴史を総括すれば、他国から介入されることもなく、日本に流れる「伏流水」もこれによりしだいに細くなっていくだろう。これが憲法改正において私がきわめて重要であると考える第二の点である。

3　日本らしさの喪失——求心力をどこに求めるか

前章の分析から、七〇年の間に日本社会に起こったことは、文化面での欧米化と社会における結びつきの弱化と総括できると思う。逆に言うと望ましい日本らしさを重視しようとする意識の低下である。「日本のアイデンティティの喪失」と呼んでもいい。アイデンティティというのは日本語になりにくい言葉である。固い言葉で言うと「自己同一性」ということであるが、柔らかく言うと「日本人は、お互いの文化的、社会的な一体感を何によって確認しているのか」ということである。「この国のかたち」と呼んでもいいだろう。明治期には「和魂」、戦前は「大和魂」とよく言われたが、漱石が『吾輩は猫である』の中で「三角なものが大和魂か、四角なものが大和魂か、誰も口にせぬ者はいないが、誰も見たことがない」と皮肉ったように「以心伝心」で分かるような気がするままに、真剣に日本の本質についての議論が行われていないように思う。

島国であり、近世に多人数の非日本人が社会に加わったことがない歴史から、日本には世界でも比類のない文化伝統の共通性が存在している。社会に文化的同一性があるかどうかで、国々を分けてみれば、民族国家（Nation）と移民国家に分けることができるだろう。米国、カナダ、豪州等は移民国家で、日本、韓国、アイルランド等は民族国家である。国家内に複数民族が併存して来た国は分裂して民族国家を作る動きもあるし、移民国家と言っても米国のように白人《ホワイト》、アングロ・サクソン、プロテスタント（ＷＡＳＰ）中心から、黒人系大統領を出すまで割り切った国とそうでない国といろいろ程度に差がある。民族国家でありながら戦後大量の移民を受け入れたドイツのような例もある。ちなみに中国は異民族が中原に覇を求めて中華国家を作るという珍しいハイブリッド国家で、ヨーロッパは争い合った国民国家を止揚して理念による連合に移行する過渡期にあると言えよう。イスラム諸国はイスラム教の紐帯で結ばれた国民国家が多いとでも言おうか。

実は日米戦争には、典型的な民族国家であった日本と典型的な移民国家の米国との争いの側面と、異種の文明の争いの側面があった。第二次大戦前にはアングロ・サクソン文化、ドイツ文化、中国文化そして日本文化が存在していた。(5)「あの戦争」で、文明の争いの面では、日本文明はアメリカ文明に完全に敗退した。これを如実に物語っているのは、解任されて帰国する時まではマッカーサー神社まで建つ勢いのマッカーサーが、一夜にして日本人を興ざめさせた「日本人一二歳演説」である。

マッカーサーは解任され、帰国した後の一九五一年五月三日、米国上院の軍事、外交合同委員会の公聴会で次のように述べた。「もしアングロ・サクソンが、科学、芸術、神学、文化などの分野において四五歳だとすると、ドイツ人はわれわれ同様十分成熟している。しかし、日本人は歴史の長さにもかかわらず、まだまだ勉強中の状態だ。近代文明の尺度で計ると、われわれが四五歳であるのに対して、日本人は一二歳の子供のようなものだ。勉強中は誰でもそうだが、彼らは新しい手本、新しい理念を身に付けやすい。日本人には基本的な思想を植え付けることができる。事実、日本人は生まれたばかりのようなもので、新しい考え方に順応性を示すし、また、われわれがどうにでも好きなように教育ができるのだ[6]」ドイツ文化はアングロ・サクソン文化と同様に近代的であるが、日本文化は奇妙で野蛮性を持つ後進文化であるという明確な認識が感じられる。これはマッカーサーに限らず、占領軍の意識で、マッカーサーはこのことを日本占領者の成果として誇っただけである。

いずれの国も国家の体制を維持するには何らかの求心力を必要とする。移民国家の場合には建国の理念にそれを求める。民族国家の場合にはこれを民族のアイデンティティに求める。日本を占領したのが理念を国の求心力とする移民国家の米国であった最大の証拠は憲法の前文で、美しい理念に満ちているが、そこには「日本性」が完全に欠落している。

私はこの結果、現行憲法の下で日本はしだいに日本らしさを失って、個が前面に出て、無国籍的（コスモポリタン）な心情となり、国民意識が希薄になったと考えている。排他的な民族意識を煽る気持ちはまったくない。日本が移民を排除し、民族国家でやっていこうというのであれば、日本のアイデンティティに求心力を求めないと、やがて日本は崩壊してしまうのではないかと恐れるのである。グローバリゼーションが信じられない速度で世界を覆っている現在、この観点から、私は「われわれ日本人が、お互いの文化的、社会的一体感を何によって確認しているか」について、よく考えてみることが必要になっていると思う。憲法改正に当たり、「この国のかたち」を国民全体で議論できれば素晴らしいと思う。幾つかの国の憲法において、その国の成り立ちが説明されていることも参考になろう[7]。

4　より良き統治のためになすべきこと――メディアが煽る「政局」の不毛

日本に民主主義が根付いていると言っても、現状に満足すべきではない。より良い統治のためになすべきことはないのか？　成熟し、昔日のような成長が期待できない日本で最大の経済問題は、政府の手にある財政資金を、公平な世代間の負担を図りつつ、できる限り多くの国民に配分することである。そのためには政治に一層の指導力が必要になっていると思う。四半世紀の間に一六人の総理が誕生し、政治が政党内外の党派の間の権力の奪い合いに堕し、統治の根本である財政資金の配分を官僚制度に委ねる現在の姿は、民主主義への挑戦で、必ずその弊が国を危うくすると懸念する。

この危険を避けるためには、政治の指導力を強化することが必要であり、政治指導者を育てる環境を整えなくてはならないと思う。衆議院選挙の後に政権を付託された首相が少なくとも四年の任期の間は掲げる政策を遂行し、国民の判断に委ねることを真剣に考えねばならない。選挙の翌日から野党が政権打倒をするような余裕はもう今の日本にはないことを国民は知っている。分立する少数政党間の野合で政治が左右されないように、小選挙区制度が導入された。政権交代が行われたにもかかわらず、政権党が首相の首をすげ替えることで任期の間政権を維持するということが何故行われるかということをよく考えねばならない。既に述べたように、平成時代に入ってから今日までの四半世紀強に実に一六人の総理が次々に替わっている。それぞれの総理の下で閣僚の交代があり、内閣改造が行われていることを考えると、落ち着いた政治をすることは不可能で、勢い官僚支配となるのはやむをえない。

なぜバブル崩壊後こんなに内閣が短命になったのだろうか？　第一は「政策はあとから貨車で付いて来る」とガラガラポンで連合を作り、強引に政局にする小沢一郎流の政治手法がまかり通ったことであろう。第二には政党がきちんとした実行可能な政策を持っていないのにガムシャラに政権掌握を図ることであろう。第三に衆参両議院の間の「ねじれ」が政権政党による選挙綱領の実現を困難にしたことであろう。政治家とメディアの間に一種の結託が進み、メディアが政治権力の手先になるという堕落も事態を悪くしていることも指摘しなければならない。

経済が右肩上がりの時代に、五五年体制の下で万年与党の自民党と万年野党の社会党の間の「戦争ごっこ」をしていた時にはその余裕があったかもしれない。しかし、国際環境が厳しくなり、財政が危機的になっている現在でも、政権政党は政治的な資産を、政策の争いでなく、「閣僚のあら探し、辞任、総理の任命責任追及」という不毛な政争に使い果たし、これをメディアが煽っている日本の状況は異常である。政治家にスキャンダルがあると、メディア解説者は「これは政局になる」と喜ぶが、国民の眼からは面白いが、無責任で違和感のあることが多い。しかし一斉にメディアが同じような解説をして煽り続ければ、「空気」がすべてを決定すると言われるこの国柄では、だんだんそういう方向になる。メディアの自重なしにはこの危険は避け難い。

いやしくも政権に付くことを目指す政党は、実現可能な政策を持ち、政策を実現する資質のある政治家を養成しなければならない。一度政権に付いたら政権政党は任期の間は無益な仲間争いをしないで、党の方針を一致して実現しなければならない。そのために派閥によるテーブルの下の取引で政治が翻弄されないように、小選挙区制を導入し、小党乱立を避け、選ばれた首相が指導力を発揮できるように、政党助成金を税金で負担してまで政党党首の党の把握力を強めているのである。政治の不安定化の大きな理由である、「ねじれ現象」を生み出す現行憲法の衆参両院の選挙方法と、解散のない参議院が大きすぎる権力を持つことを憲法改正で改めなければならない。政治家は「常在戦場」であると言われるが、これは選挙の翌日から政争を始めることではない。憲法に政党についての規定を置くことにより事態が改善するのであれば検討に値する。

「官僚支配」は民主主義に背馳《はいち》する。省益あって国益がない官僚制度が幅をきかせる仕組みは、そろそろ卒業したい。官僚による情報の独占と、都合のいい情報を流して世論を操作して省益を実現する手法には断固メスを入れねばならない。迂遠《うえん》なように見えるかもしれないが、官僚による政策決定の過程を記録し、一定の時期の後、公表するような情報の公開義務を憲法で定めれば、事態は改善の方向を辿るかもしれない。

東京一極集中、地方と都市の格差の拡大、地方の衰微はすべて地方自治に関わる。現行憲法の地方自治は理念も不明確で、実効性に欠ける。米国の制度を真似た公安委員会、教育委員会等の制度も形骸化しているので、日本に適合したものに改める必要がある。地方自治は憲法改正を考える中で取り上げなければならない大きな課題である。

5　日本人も平和を愛する国民――「平和を愛する諸国民」に含まれないのか

かなりの人が現行憲法は平和憲法であり、第九条はノーベル平和賞に値するとして、一部の人たちが受賞運動さえしていると聞く。敗戦後長い時が経過して日本の世界における「立ち位置」は大きく変わっている。「真珠湾攻撃」のショックはアメリカに強い日本憎悪感を醸成し、日本人をきわめて危険なものと認識させたので、占領下に敗戦国日本が絶対に復讐戦争を起こさせないようなレジーム・チェンジが行われた。日本は他国の厚意にすがって生存するという立場に立たされた。現行憲法の前文には「日本国民は……平和を愛する諸国民の公正と信義に信頼して、われらの安全と生存を保持しようと決意した」と書かれている。この文言から日本が「平和を愛する諸国民」の一員ではないことは明らかである。

自らを平和愛好国の一員と位置づけないことを自認するのが、この国民の過半の意思であるなら仕方がない。私は平和主義が深く国民各層の間に浸透し、実際問題として一発の弾丸をもって他国民を倒したことがなく、核兵器はもちろんのこと攻撃的な兵器は一切所有しない日本国が「平和を愛する国」でなければ、一体平和愛好国の定義は何なのだろうかと思う。平和を愛する日本国民が、自らも今や世界で先頭切った真の平和愛好国であることを、前文に謳い上げたいと思うのが当然である。現行憲法前文のこの部分の改正だけをもってしても、憲法改正の意義がある。こういう基本的な枠組みを国際的な祝福のうちに正常化することを怠って、念仏のように平和主義を唱えることこそ、日本を得体の知れない国と思わせて来た。逆に日本は未だに前の戦争の結果を反故にする野望を持っているという中国のプロパガンダに余地を残すことにも繋がっている。

6　日本社会に生まれた新しい問題――道徳の低下や家族の希薄化

前章の分析から、現在の日本において道徳が低下し、家族の重要性が失われつつあり、国民の間の多様な絆が必要になっていることが明らかになっている。個人の利益追求と「公」のために貢献する意識の間のバランスも欠けている。人間疎外が生まれないように、個人と地域社会との連帯を強化する必要性は、地方自治とは違う観点から、日本社会を見なおす視点を提供している。

教育が平等を追求し過ぎるあまり、悪平等と言うべき問題が生まれていると思う。特定大学への傾斜も限度を超えては、社会に必要な多様性を疎外する。知的なコミュニティに多様な意見が反映されることは、政治、経済、社会のあらゆる局面で重要である。さまざまな資質を持つ人間がその特性に応じて社会に貢献するように配慮がされねばならない。これらを念頭に好ましい教育の理念についても、私学助成の問題と関連して、憲法改正の枠内で議論していい問題であると思う。

恵まれても幸福度が増えないのも問題である。この関連で日本で際立っているのは、高齢者ほど不幸になるという傾向であろう。社会自体の夢も必要であるし、個人が重層的な絆を社会との間に構築することも重要である。日本のアイデンティティの中に伝統的に存在する相互扶助の価値観を憲法に反映させることで、何らかの方向性が出て来ないだろうか？

7　「一体化する世界」への対応——国家主権は制限される方向へ

長い眼で見ると世界は徐々にではあるが一体化していると言えよう。弱肉強食の帝国主義の時代は完全に終わり、国家間の相互依存が進んでいて、その中で国家が勝手にできることは減って来た。二〇世紀は国家主権が至上のものとされた特異な世紀だった。国家はその領域の中で国民を統治するとされ、各国国民がなんら望んでいなかったにもかかわらず、二つの世界大戦が戦われ、非戦闘員の大量殺害が正当化された。世界が再びあの悲惨な世界規模の戦争へ逆戻りすることはまずないと思われるが、対外軍事膨脹を行う国が今後現れないかといえば、答えは残念ながら否である。

しかし、国際的な規範としては、一九二八年のパリ不戦条約は国家間の紛争を必ず平和的な手段で解決することと国際紛争解決のために戦争に訴えないことに合意している。第二次大戦後ニュールンベルグ裁判と東京裁判はドイツと日本の戦争指導者を「平和に対する罪」として断罪した。

国際連合はこの流れの上に立って、加盟国の守るべき原則として国際紛争を平和的な手段で解決すべきことと、いかなる国に対しても武力による威嚇および武力の行使を慎むべきことを掲げている。そして国連憲章は侵略国に対して共同して軍事的ないしは非軍事的な対抗措置をとることを詳細に規定している。二〇世紀の悲惨な経験から今や国家主権に対して、国際平和を維持する義務が課され、戦争という手段をとってはならないという重大な制限が課せられるようになったのである。

基本的人権の尊重も国家といえども犯しがたい義務となり、日独の戦争犯罪人の処罰以来、ジェノサイド等人道に対する犯罪行為は政府指導者と言えども国際社会が直接に裁くようになっている。

一九九〇年の自由選挙を手始めに旧ユーゴスラビア連邦の瓦解の歴史が始まった。その中で旧ユーゴスラビア領域内において諸民族間の対立が尖鋭になり、民族浄化や集団レイプが頻発した。国連安全保障理事会により一九九三年に設立された通称「旧ユーゴスラビア国際刑事裁判所」は、これらの深刻な国際人道法違反事件に責任を有する者を訴追・処罰している。一九九五年七月ボスニア・セルビア人勢力指導者が、約八〇〇〇人の非武装のイスラム系ボスニア人（ボシュニヤク）を国連下に設置された安全地帯スレブレニッツァで、民族浄化を目的として行った大量虐殺もこの裁判所で裁かれている。ルワンダ領域内で行われた国際人道法の重大な違反についても責任を有する個人を訴追・処罰するために同様の国際法廷が一九九四年に設けられている(8)。

こう見ると国家主権に対する制限はますます増大する傾向で、多くの分野にわたり国家はしだいしだいに勝手に行動できなくなってきている。明治政府が開国に当たり欧米諸国に譲歩し、その後明治時代全期にわたって悪戦苦闘の末、やっと一九一一年（明治四四年）に至ってようやく回復した関税自主権についても、いまや世界貿易機関（ＷＴＯ）の下に、相互主義に基づいてではあるが、勝手に関税を高くすることはできない体制が築かれている。

世界中で欧州連合のように、いくつかの国家が主権の一部を自発的に譲り渡し、他国との共同処理に委ねることが増大しつつある。欧州通貨統合加盟諸国は、勝手に赤字財政を組むことも、一国の判断だけで金利を動かすこともできない。

個人を律する規範は国家次元だけからではなく、それよりも上位の地球社会とも言える次元からも出て来ている。環境分野がそのよい例である。地球の温暖化など地球環境の破壊についての国際的な関心は著しい高まりを見せている。一九九七年の京都会議で「気候変動枠組み条約」の内容を具体化するための「京都議定書」が採択され、二酸化炭素を始めとする温室効果をもたらすガスの排出量が具体的に制限されるようになったのは記憶に新しいところである。国際社会の環境問題への取り組みが、若干停滞気味なのは気がかりであるが、環境問題への対応のような人類にとり重要な共通利益を律する規範は、国家の必要からだけでなく、人類全体の必要から生まれてきている。

このような流れの中で日本が今後孤高を維持することなどは、とうていできないのは明らかである。むしろ日本はグローバリゼーションの結果必要となってくる、国家主権への制約を積極的に受け入れるべきなのではないだろうか。私は新しい憲法前文の中で、日本と日本よりも上位の存在である地球社会との関係についての長期的な視点に立った考え方をはっきりさせておくことが必要と考える。世界との調和のとれた発展のためには、日本は一方的な自己利益の追求では孤立してしまう。国益の追求にも節度が必要で、国家主権は制限される方向にあることを考えると、どういう条件の下で国家主権を今後制限するかについての考えを明らかにしてもおかしくないであろう。

8　取りまとめ――「ちゃぶ台返し」の改正に冷淡な国民

現在の憲法は戦後日本が新生するに当たり、きわめて重要な指針を提供し、日本人はそこに新鮮さと希望を見いだして、復興、再建、経済発展に力を合わせて、今日に至った。本質が米国による日本改造だったにしても、この憲法は大部分の国民から支持され、日本人が国民主権、議会制民主主義、人権尊重等の欧米の価値観を自らのものに骨肉化したことは確実である。アングロ・サクソン文化の尺度で一二歳と言われた少年は、主要先進諸国の重要な一員までに成長したのである。

私は多くの国民も現行憲法の果たした役割を前向きに評価していると思う。だから憲法改正が必要と指摘されても、「ハイそうですか」という反応は返って来なかった。国民の立場からすると、憲法には民法や刑法のような生活上の実感がない。戦後日本の平和がこれにより維持されて来たという漠然とした気持ち以上に、現実問題としてわれわれが稀に憲法を持ち出すのは、憲法「違反」だとして、何かを問題にするときだけといってもよい。つまり憲法が私たちに関わりあいを持つのは、われわれを守ってくれる場合が多い。

今の憲法は、個人の自由や権利がないがしろにされた戦前への回帰を防ぐために、国民の側の基本的な諸権利を確保するという立場から書かれているので、特に戦後の日本人には新鮮で貴重な資産と評価されたと思う。憲法改正と聞くと、われわれは何か良いものを奪い返されるのではないかという恐れを抱き、本能的に身をすくめる。

憲法改正を論じるに当たり、ちゃぶ台返しをして、「良き昔」に戻るのだというような主張が行われた時代がある。憲法改正論のほとんどは第九条の改正が主目的で、他の国と同様に国防軍を持ち、「血も流す」積極的な平和主義になるべきだと説く声もしだいに高く聞かれる。第九条に比して重要性はもっと高いとも思われる他の論点がほとんど議論されないで来たことも、国民が憲法改正に冷淡だった理由と思う。逆に国防については、国際関係もあるのでいわば待ったなしであったから、違憲、解釈改憲で切り抜けて来ざるをえなかった。国民は今は後追いではあるが、これを追認していると思う。それにもかかわらず、第九条の改正に固執する人たちが多いので、国民は今一歩踏み切ることができないのであろう。

戦後日本の良き基本指針であった現在の憲法の民主主義等、主要先進諸国の価値観は完全に受け入れられて定着している。押し付けられてそうなったというのは、狭い了見だと思う。日本は良質の外来文化を取り入れ日本化して骨肉化する伝統の国で、明治以来積極的に先進文明を取り入れて来た。帝国主義の最後の時期に日本が選択を余儀なくされた「富国強兵」の方針は、物質面での西欧文化の吸収であった。「和魂」は変えずに「洋才」を取り入れるべきで、それが可能と考えられた。戦後の欧米化はさらにこれが「洋才」の物質面から制度面、理念面に及んだと考えるのが自然である。負け惜しみではなく、戦前の日本にも実を結ばず流産してしまったが、大正デモクラシーや二大政党による議会政治の歴史があり、司法権の独立の伝統もある。

各政党の憲法改正についての姿勢の表明の中で、憲法改正の結果、これらの良きものが失われるのではなく、むしろこれらの基本的な理念は完全に受容するのであるという立場を明確に示して欲しい。護憲政党も今のままですべて良しとするのではあまりにも無責任である。これだけ問題があるのだから、各政党はその党なりに問題を特定して、「加憲」により解決の方途を探ることを党の方針として掲げるべきである。それがその党への選挙民の信頼を得ることになると考えるべきであろう。

（1）英国の歴史学者クリストファー・ソーンは「極東における諸戦争」の語を使っている。その理由は『太平洋戦争とは何だったのか（副題『1941―45年の国家、社会、そして極東戦争』市川洋一訳、草思社、二〇〇五年、普及版）の前書きに詳しく述べられている。
（2）占領中禁書であったパル判事の膨大な「個別意見書」の日本語訳は、占領終了後の一九五二年になってようやく発表されて、多くの日本人が胸の奥に抱えていた感情に深く共鳴した。ダワー前掲書下巻、二七〇頁
（3）ジョン・ダワー前掲書下巻、二三二―二八五頁
（4）E・H・カーを引用するまでもなく歴史は相対的なものであり、永遠に正しい諸民族共通の「正史」などは存在しない。この日本人の「伏流水」を歴史リヴィジョニズムであると言うのであれば、『アメリカの鏡・日本』の著者ヘレン・ミアーズに始まり連綿と「あの戦争」の原因について意見を述べて来ている欧米の歴史学者たちをリヴィジョニストと呼ぶのだろうか？

(5) サミュエル・ハンチントンは「文明の対立」の中で現在も世界には八つの文明が併存しているとしている。
(6) 西鋭夫著『国破れてマッカーサー』中央公論社、一九九八年、七九頁。ジョン・ダワーの前掲書エピローグの注(2)に、当初非公開だったマッカーサー聴聞会の筆記録は一部が削除され、ニューヨークタイムズ紙等に公表されたと書かれている。またここには米国上院の公式記録の出典が明示されている。
(7) 一九九三年に発効したロシア連邦憲法の前文は「われわれロシア連邦の多民族からなる国民は、自らの国土における共通の運命により統合され、人間の自由と権利、市民的な平和と合意を承認し、歴史的に形成された国家の統一を維持し、一般的に承認された民族の平等と自決の原則に立脚し、祖国への愛と敬意、善と正義に対する信念を伝えた祖先の想い出を記憶し、ロシアの主権国家性を復興し、確固たるロシアの民族的基盤を確立し、ロシアの安寧と繁栄を保証することに努め、現在と将来の世代を前にした祖国に対する責任に依拠し、世界共同体の一員であることを自覚し、ロシア連邦憲法を採択する」と述べている。

一九七一年のエジプト憲法の布告宣言は「われわれエジプト国民は、歴史の曙、文明の始まり以降、この偉大な土地で暮らしてきた」という一文で始まっている。

一九八九年にソ連の支配を脱して自決権を回復したポーランドの憲法前文には、ポーランド共和国のすべての市民は「千年を超える成果のうちの価値あるものすべてを未来の世代に伝える義務を担っている」と述べている。

隣国中国も一九八二年憲法の前文の冒頭では「中国は世界で最も長い歴史を有する国の一つである。中国に暮らすすべての民族は共同して素晴らしい一つの文化を育てて来たし、輝かしい革命の伝統を有している」としていた。

中国との歴史的葛藤、フランスによる植民地支配からの脱却や米国との戦いを経て、ようやく民族の統一を達成したベトナムの一九九二年憲法は、「数千年におよぶその歴史を通じ、ベトナム人民は勤勉かつ創造的に働き、その祖国を防衛し、建設するために勇気をもって闘い、連帯、礼節、固い信念と不屈の精神という我が国の伝統を鍛え、かくしてベトナムの文明を築いてきたのである」と書いている。

（8）カンボジア内戦の際のポルポト下のクメール・ルージュ軍による二〇〇万人とも言われる悪名高い大量虐殺については、国内の和解を重視するカンボジア政府の希望も配慮され、二〇〇一年国際法廷でなくカンボジア国民議会の決定によりカンボジア裁判所内の特別法廷で処罰がなされることになった。

第三章　二つの「罠」を避けつつ憲法改正へ

1　改正戦略の必要性

(1) 憲法改正の常識——社会の変化に合わせる必要

人間社会は生身の人間が作り上げているものであるから永遠に同質であるはずはなく、時の経過とともに変化し、それにつれて、さまざまな矛盾や問題が発生するのは避けられない。現在世界のほとんどの国は立憲政治を採用して、成文の憲法を持つ。いずれの国の憲法制定者も、制定時の条件下で、おそらくいろいろな妥協も行った結果、現実的に最善と考える国の最高法規を作ったことは間違いない。日本が現行憲法を受け入れたのも、受け入れざるをえない立場であったとはいえ、敗戦後のあの時点では適当な判断だったであろう。しかし社会は変化することを考えると、「いかなる世代も、後の世代を拘束することはできない[1]」から、どの国の憲法でも改正規定が置かれている。ただ最高法規の改正であるので、どの国でも一般の法律の改正よりも慎重な手続きが定められている。日本の現行憲法の場合には衆参両院の三分の二の賛成で発議され、国民投票で過半数の賛成が要件となっている。

現行憲法作成時のこのエピソードは興味深い。占領軍当局の九日間にわたる日本憲法案の起草の過程で、民生部の内部には日本人が米国の占領政策を反古にする危惧を持つものがいて、この憲法は「一九五五年まで改正を許さない」とか、改正を事実上不可能にするため「改正には国会の四分の三以上の多数の賛成が必要である」などの規定を置くべしとの議論があったと言われる。これに対して民生部で憲法起草作業を仕切っていたケーディス大佐は「どの世代も

次の世代が憲法を改正する自由を制約する権利がある訳ではない」としてこれらの考えを退けたと言われている。(2)

他の国が改正をしているから日本もそうすべきだというのではないが、いずれの国でも憲法改正は随時行われている。米国憲法は、当初それぞれが憲法規定を持っていた一三の州が連邦国家を形成して作られたという歴史がある。したがって州権と連邦国家との関係の変化に伴い、多くの重要な改正が行われている。例えば「いずれの州も、法の適正な手続きなしに個人の生命、自由あるいは財産を奪ってはならない」と定めて、合衆国全域に人権を保障した修正第一四条は、一七八八年の発効後、実に八〇年を経た一八六八年に成立している。社会の重要な変化を反映した奴隷制度の廃止が一八六五年に、禁酒が一九一九年に制定され一四年後の一九三三年に廃止されている。政治制度として大統領の三選を禁じる制限は一九五一年に加憲されている。このように憲法前文でアメリカ合衆国は立憲政治に基づくことを明記している米国でも、社会の発展に伴い必要となる変化を反映するための随時の憲法改正には柔軟である。

敗戦後わずか二ヶ月の時点で日本側に憲法改正を求め、半年のうちに占領軍が実質的に起草した憲法を強要した日本と異なり、同じ敗戦国のドイツは、分割統治という事情もあったが、憲法の採択はずっと遅い。ドイツは占領開始後三年経った一九四八年に、制憲会議を開催し、憲法に当たる「基本法」を「ドイツ国民が自由な自己決定を行えるまでの暫定的なものとして」相当程度自主的に制定している。しかしそれにもかかわらず、基本法制定後五八回も改正を行って、兵役義務の導入、選挙権の一八歳までの引き下げ、東西ドイツの統一に伴う基本的な変化等を実現している。

われわれ日本人が現行の憲法を改正すべきかどうかについては、この憲法が一九四七年五月に施行されてから、日本国内においてさまざまな視点から数多くの議論が行われてきた。憲法改正問題については多くの書籍も出版されて来ている。現在も主要政党、大新聞等が憲法改正の案を発表している(3)。

政治がまったく無関心であった訳ではない。国会においても憲法調査会を中心に議論が行われ、改正手続きについての法整備も進んで来ている。憲法改正の手続きを確定する「改正国民投票法」も二〇一四年六月に成立した。投票年齢は当面は二〇歳以上の国民であるが、各党間の協議が進み、民法上の成人年齢の引き下げの実現を待たずに近く「一八歳以上」へと引き下げられることになった。国の最高法規である憲法は未来世代を拘束するのであるから、若者の憲法改正への参加を期待する姿勢から投票年齢の引き下げは理に適っている。

日本が憲法を改正するか、国民投票を行う機会は過去に何度かあった。一九四六年一〇月に極東委員会は日本政府に対して、現行憲法施行後二年以内に国民投票（レフェレンダム）等によりこの憲法についての日本国民の意思を確認することを求める政策決定を行い、翌年一月にマッカーサーは吉田首相宛の書簡でこのことを示唆した。しかし、吉田首相は一九四九年に国会で政府は憲法改正の意思がないと述べた。現行憲法肯定の立場からその経緯を重要視し、「押し付け憲法」論に疑問を呈する意見もあるが、(4)いずれも占領下の出来事で、かつ厳しい占領軍の言論統制があったことであり、この事実に重きを置くのは不適当であろう。私はむしろ独立回復後のしかるべき時期に、このような国民の意思確認が行われなかったことが問題であると考える。この機会を逸した後に、日本が改正を検討すべきであったその次の時期は、一九八九年に米ソ間の冷戦が終わった後の、九〇年代初頭であったと思う。私は冷戦終了後に国際関係が本質的変化を遂げ、米国の同盟国が皆その立ち位置の再検討をしていた時期に、日本も憲法を改正して、国際秩序の維持に平和愛好国として参画する姿勢を示すべきであったと思う。しかし、当時日本ではバブルが弾けて大混乱で、とても憲法改正を論じる余裕はなかった。この時に改正を怠ったツケが廻って来たのが湾岸戦争だった。憲法上の制約から日本の対応が遅れて、国際的に冷笑されてしまった。

私は二度の改正時期を逃した日本に、今三度目にしておそらく最後の機会が訪れていると思う。それは二〇二〇年に予定されている東京オリンピックの開催である。一九六四年の東京オリンピックが復興日本を世界に印象づける意味で果たした効果を想起いただければ、憲法を改正して国家の正統性を確認した日本が、世界に胸を張って自己を主張するこれ以上よい機会はないであろう。衆参両院で改憲論に前向きな議員が三分の二を占めていることに着目して、この状況が続くうちに二〇一六年秋に予定されている参議院選挙に併せて、憲法改正の国民投票を行おうという国民運動も始まっている。私はその三分の二の議員が一つの改正案支持に纏まるかどうかも不明で、またこういう状況がもう巡って来ないと考える必要もないと思う。私は適当な憲法改正の「機会の窓」は後四、五年は開いていると思っている。しかし二〇二〇年のオリンピックを念頭に憲法を改正する機会を逸したら、おそらくこの憲法も「不磨の大典」化する可能性は相当に高くなると思う。少なくとも残念ながら私の眼の黒いうちに憲法が改正されることはなくなるであろう。

（2）「憲法全面改正の罠」――「全面改正」は迷宮に入るようなもの

なぜ日本では憲法が改正されないのだろうか？　先頃日本の憲法改正の条件が他国に比べて厳しすぎることが、日本でこれまで憲法の改正が行われなかった理由であるので、まず九六条の改正規定の条件を緩和する憲法改正をするのが望ましいという見解が現れて、一挙に注目を集めた。私は個人的にこの意見には賛成できない。これまでの改正論はほとんどが第九条の改正を中心とする全面改正論であった。私は第九条改正への固執こそが、日本で憲法が改正されないで来た最大の要因だったと思っている。国民の国防意識は徐々に相当変わって来ているが、それでも国民の過半が支持しうる第九条改正のメドはついていないと思う。徐々に国民意識は変わっているにしても、日本周辺で重大な不測の事態が起こらない限り、第九条改正に熱心な自民党の示している一連の第九条関連の改正案に国民の過半がイエスと言う可能性は低いと見ている。

私は初めての憲法改正を全面的な改正で行うことは、現実問題として、政治的に許容される範囲を越えていると思う。全面改正そのものに反対ではない。むしろそれがあるべき姿かもしれないとは思うが、日本に革命が起こり、一気に根本的な変革を行うために制憲会議を開くという限界状況でも生じないかぎり、平時には全面改正は無理だと判断するからである。保守的な日本で革命が起こることは考えられないし、決して望ましいことでもない。なぜ日本で段階的な憲法改正の議論が発展して来なかったか私はむしろ不思議でならない。

全面改正の道に入り込むと、出口の見つからない迷宮へ入り込むこととなるのは必至である。結局「すべてかゼロ」かの選択になってしまい、その結果がゼロになることも目に見えている。私はこれを「憲法全面改正の罠」と呼ぶ。また日本人は律義な国民で、完璧主義で整合性を重んじる国民性を持つ。憲法の下に多くの法律や政令があり、漏れがないように、また内容的に他の法律との間に矛盾がないか細心の注意が払われている。これが法制局のきわめて重要な仕事である。憲法の一つの条文の改正でも、多くの法律や政令の改正が必要になる。全面改正となればその作業は想像を絶するほど膨大になるだろう。また一括全面改正を行うとなると、当然にこの部分の改正には賛成だが、こちらの改正は賛成でないという人も出て来る。環境権を追加するのには賛成だが、憲法第九条の改正には絶対に反対という人もいよう。反対の度合いが強い改正部分が一括案にあれば、この規定を改正するぐらいなら、自分が望む改正はしなくてもいいと考える人すら出て来ることが考えられる。「改正国民投票法」で、憲法改正の国民投票においては項目ごとに選択的な賛否を求めることになったので、段階的な改正論がようやく大勢となったということであろう。この問題はある程度解決したように見えるが、どの点を改正するかについての政党間の議論はこれから始まるところである。私には憲法改正はやっと緒に就いたところで、実現の見通しは未だに霧の中であるとしか思えない。

真面目に憲法の改正に取り組むのであれば、国民の多くの賛成が見込まれる、最も緊急性の高い事項の優先順位リストを作る必要がある。これは改正戦略の問題であり、一義的に政治の責任であろう。政治家はまずいかなる目的のために憲法改正を行うのかについて合意を達成することから始めなければならない。日本人は戦略的な議論は苦手であるだけでなく、戦略と聞くと、むしろ騙されないぞと身構えてしまうようである。ただ一つぜひ考えてもらいたいことがある。それは現行憲法が一つの明確な戦略のもとに作られていることである。その意味では明治憲法も同様であった。現行憲法の場合は戦略を描いたのは米国であったのが、明治憲法と違うところである。それを改正するには改正の明確な目的と、それを実現するための戦略が必要である。とくに段階的な改正の道筋を選択する場合には、何を優先するかについての戦略も必要となる。

（3）段階的改正論の利点——まずは前文改正

私はあまりにも野心的な全面改正は、結局議論百出してまとまらずに、今回も改正が見送りになる危険度が高いので、避けるのが賢明であると述べた。国会の改正論議もやっとこの段階に達したようである。それでは段階的、部分的な改正を図るときの、目的と戦略をどこに置くべきであろうか。

私はすでに国民の間に大きな意見の不一致がない問題について、一度憲法改正の経験を持つことが適当であると思う。その上で第二回、第三回と改正を重ねていくのが合理的であろう。つり上がった目尻を下げて、肩の力を抜いて、こういう考え方を憲法改正戦略の基本に据えるのがいい。

そうすれば優先順位が自ずから定まってくる。大事であり、しかも国民の間にそう大きな異論が出ない部分といえば、憲法の前文が第一に頭に浮かぶ。憲法前文などは飾りに過ぎないから、どうでもいいと考えるのは、家を建てるときに、大事なのは住むところなのだから、玄関はどうでもいいというのに等しい。どんな質素な家でも玄関はある。人はその玄関からそこに住む住人も想像する。日本という建物の玄関であり、憲法の顔というべき前文に、国家にとり最大の重要事項である国民の生命や財産を外敵からどう守るかという安全確保の基本方針が、いい加減に書かれていれば、外から見る人は日本国民はいい加減な国民だなと思うであろう。七〇年の間に多くの問題が日本社会に起こっていて、世界の他の国と同様にそれに対応するために憲法の改正が必要となっている。憲法前文の改正の中で、それらの問題の多くに臨む基本的な指針は充分に示せると思う。

憲法改正の経験がまったくないわれわれの場合は、しばらくの間は、国民の間でコンセンサスがまとまる限度において、憲法の改正を繰り返すのが現実的なやり方である。国民の過半の賛成を得られそうもない問題について、前文改正で結論を出そうと無理押しをすることは無理筋であり、適当でない。前文改正に当たって、あまりにも多くを求め過ぎれば、全面改正と同じ「罠」に陥るだろう。伝統的に日本人は「和」を心掛ける国民性であるから、前文改正に当たって、政治家にはぜひこの和の日本精神を発揮してもらいたい。

集団的自衛権を容認するかどうか、ないしは国連が了承する多国籍軍への参加を容認するかどうかというような国策の基本を、憲法改正により実現するのは本末転倒である。そういう部分については、議論を重ねて行く中で、コンセンサスが生まれるのを忍耐強く待つべきである。第二回、第三回と、問題別に議論が成熟したら、しばしば憲法は改正しても少しもおかしくないと思う。

（4）優先順位の問題

私は肩の力を抜いて、憲法の前文だけに限って最初の改正をしてはどうかと繰り返し述べている。前文の改正だけでも大変なエネルギーが必要であろう。しかし一度日本国民が歴史上初めて、自らの手で自分たちの国のあり方を確認した暁には、この新しい体験から、自信が回復し、新しいエネルギーが国民の間から生まれてくるであろう。そうなったら前文改正に続いて、国民が優先度の高いと思われる問題ごとに改正作業を続けていけばいい。私は個人的に次の問題が高い優先度を持つと考えている。

（イ）実質的な違憲状態の解消

私は私学助成は実質的に憲法八九条違反であると思う。私学は「学問の自由」で建学の精神や独自の教育が確保されている。私学助成を受けることを、この私学が「公」の支配に属していると牽強付会の説明で正当化するならば、学問の自由は有名無実になってしまう。速やかに是正さるべき点であろう。

自衛隊は憲法が保持を禁じる戦力にあたらないというのは詭弁で、この点も違憲状態の解消のカテゴリーに入るが、次項の第九条で触れる。

（ロ）第九条

さてこれまで私は、基本的には最初の憲法改正においては、改正点を最小限に留めるのがよいという意見を述べ続けてきた。最初の憲法改正で第九条の改正まで踏み込むかは、最高度に政治的な選択である。第九条改正について議論を進めてみて、国民の間に広範な意見の一致が生まれないなら、第九条の改正を最初の改正の際には先送りするのが賢明であろう。変な話であるが、これまでに「必要悪」のような形で、防衛問題については解釈改憲が行われて来ているから、この際無理をして改正しなければ、国が持たないという状況ではないと思うからである。

第九条の改正を考慮するというのであれば、私としては次のような改正を議論することが妥当と考える。これは多くの論者が主張していることでもある。まず第九条第一項、つまり「日本国民は、正義と秩序を基調とする国際平和を誠実に希求し、国権の発動たる戦争と、武力による威嚇又は武力の行使は、国際紛争を解決する手段としては、永久にこれを放棄する」の部分は、そのまま残す。なぜなら「国際紛争を解決する手段として」一切武力を行使しないということは、一九二八年の「戦争の放棄に関する条約（いわゆるパリ条約）」や国連憲章で明確に規定されていることであるのみならず、これこそ今や日本国民の総意となっていることであるからである。他方イラクのクウェート侵略に国際社会として対応するような場合は、「国際紛争の解決」を目的とする軍事活動ではなく、「芦田修正」により禁止の対象となってはいないと考えられているからである。

その第二項、つまり「前項の目的を達するため、陸海空軍その他の戦力は、これを保持しない。国の交戦権は、これを認めない」の部分については、私はこれを削除するのが適当であるという考えである。なぜならば現在の自衛隊を戦力でないというのはあまりにも常識に反するし、交戦権を認めないということの意味が不明だからである。この第二項があるから、集団的自衛権が認められないのだから、集団的自衛権行使に反対の立場から、手をつけるべきでないという意見は本末転倒であると思う。まず日本と日本人の安全のために、または海外における平和維持活動で他国と共同行動をする際に、集団的自衛権の行使が必要な場合があるかどうかを、政治的に判断することが必要と思う。その意味では二〇一四年七月に第二次安倍内閣が、集団的自衛権の部分的な行使の容認について重要な一歩を踏み出したことは評価できる。

抑止力の理論はなかなか国民に理解し難い。「できる」ことと「実際に使う」ことの間には大きな差がある。ただ一部の人が主張するように、できるならやるだろう、だからできるようにはしない方がいいというのは、あまりにも短絡的な発想で、政治の役割の否定である。他方不思議なことに「できる」だけでも抑止力には貢献する。「核の傘」が日本の安全保障に不可欠であることについては、ほぼ国民の間に異存がないので、日米安保条約の重要性についてさしたる反対はなくなっている。しかし、多くのものは実際に米国の核兵器が日本の防衛のために使用されるという事態が起こるとは思っていない。ただ可能性の問題として、もし本当に日本への攻撃を考えている国があれば、究極的に米国が日本防衛のために核兵器を使用する可能性を排除して行動はできないから躊躇する。これが簡単に言って抑止力の論理である。同様に日本が米国大陸に飛んで行く弾道ミサイルを撃ち落として、日本が戦争に巻き込まれるということも、実際には起こりえないことである。しかし、ミサイルで米国を攻撃しようとする国は、日本が撃ち落としてしまう可能性をも想定しなければならないから、その国はミサイルの発射を控えることになる。それにより日本は米国の抑止力に貢献できるのである。

今回の部分的行使の容認は、平和維持のために派遣された日本の自衛隊を守ってくれる外国の友軍への攻撃があった時に、自衛隊要員への攻撃がなければ、共に行動していても友軍を助けることが一切できないというこれまでの極端な身勝手さの是正になる。その過程で自衛隊員から不幸にして犠牲者が出る可能性はありうる。しかし外国で活動する自衛隊員を守るために、友軍のみが血を流すべしということでは、行動を共にする友好国はいなくなるであろう。これまでは憲法規定や国民の強い平和主義に、国際的に一定の理解があったので、何とか済んで来たが、冷戦が終わり、新しい中世のような乱世となりつつある世界の中で、こういう状態を将来に向けてずっと続けられるとは考えられない。

集団的自衛権を部分的にせよ「実際に行使する」ことは巨大なリスクを伴う。人命のリスクを極小化しなければならないことは言うまでもない。状況に応じて時の政府が身を削る慎重な判断で臨まなければならない。戦争の悲惨さを体験した世代の政治家がすべて去っている現在、そういうことは万々一もないだろうが、政治家が軽々に判断してもらいたくない。だから自動的に集団的自衛権が行使されることだけは絶対に避けねばならない。集団的自衛権の行使の具体的な場合については、今回の閣議決定を受けて、必要な立法措置を講じる段階で、キメの細かい検討がなされなければならない。といってもどういう状況の下で限定的にせよ集団的自衛権が行使されるかを完全に予見することは不可能であるから、手続的に事前ないし事後に国会の承認をどう取り付けるかを規定しておくことが、合理的な歯止めになるであろう。ケースごとに時の政府が慎重に判断し、その判断について国会が厳しく監視する体制を作っておくことが必要である。これは性急な同盟国の要請に対し、政府が慎重に対応することを可能にする上でも有用であろう。

湾岸戦争の厳しい経験から制定された国連平和維持活動協力法についての国会における論議は、国際社会で現実に起こる可能性の高い状況から離れた、法律的な議論に終始した嫌いがある。日本の平和維持活動への参加はいかなる活動に限定するべきかとか、日本の平和維持要員にどこまでの武器の携帯を認めるべきかなどの点が、いわば理屈として議論され過ぎ、実効的な平和維持活動にいかに貢献するかの観点が欠如していたことは残念であった。集団的自衛権の行使についての法律の制定に当たっては、具体的な事例を可能な限り想定して、現実的な議論を望みたい。

私は前の章で、二一世紀に日本が守る憲法を新しく書き直すに当たり、われわれはまず均衡がとれ、現実的な平和主義を掲げなくてはならないと主張した。これにより近隣諸国のあらぬ誤解を避けることができると思うからである。いきなり第九条の改正をすることは、誤解を受けたり、日本を危険視する謀略の絶好の材料を提供するかもしれないと恐れる。日本が実効のある国際平和維持活動にどこまで参加するか、集団的自衛権はどのような場合に行使するのか、民主主義国として国会が何時の段階でどのように関与するのかについて、国会で充分に議論が行われ、その結果国民の間にコンセンサスができ上がった後で、第九条を改正することにしても決して遅くはない。

（八）衆議院優位の確立

予算と条約を除き、すべての法律の成立に当たって、衆議院と参議院の同意が必要である。例外的に、衆議院は三分の二の多数で、参議院の反対を覆すことができる。しかし、保守と革新の勢力が伯仲《はくちゅう》化してくると、与党が参議院で過半数を割ることが起こりうる。いわゆる「ねじれ現象」である。衆参両院がともに「全国民を代表する選挙」で選ばれる以上、与党が参議院で半数を占められないときに、現実問題として衆議院において、与党が参議院の意志を覆しうる三分の二の多数を得ることはきわめて難しい。しかも一度参議院選挙が行われれば、少なくともその後三年間は、参議院における政党間の色分けは大きく変わりようがない。

外国との関係に係わる条約については、衆議院で再度可決すれば成立する。予算についても憲法上の規定により、衆議院の再可決で成立するが、認められた予算を執行する関連の法律、いわゆる「予算関連法案」については、一般法案と同じく、参議院が衆議院と同等の権力を持つ。「ねじれ国会」では、「予算関連法案」を否決することにより、参議院が予算について実質的な拒否権を持つことになる。

両院の間に意見が異なる場合には、憲法上は両院協議会を開くという規定がある。しかし参議院の政党色が濃くなり、重要とされる「対決法案」の採決には政党の党議拘束が掛かるので、米国の例に倣って作られた両院協議会の規定は有名無実と化している。

解散のない参議院の力が強すぎる

一院に立法権が実質的に集中していれば、政権の交代で変化が起こりうる。しかし今の日本の制度は中途半端で、ひとたび「ねじれ国会」が生まれると、三年間は身動きのできない状態が避けられない。政権交代も政党の合従連衡の変化によるきわめて複雑な過程を辿らざるをえない。結果として、このことが参議院に第二院としては強過ぎる力を与えることとなっている。しかもいわゆる「一票の格差」は衆議院におけるよりも、参議院の方が大きい。「四増四減」の定数是正を行った後の二〇一三年の参議院選挙後でも、最大四・七七倍の格差があると言われている(5)。

憲法起草者のもともとの考えでは、衆議院が拙速に走ることのないように、参議院の良識がこれを是正し、政治に安定をもたらすことが期待されていた。しかし、その後の現実は、政党色の強まった参議院が、衆議院に強いブレーキを掛けたため、結果として参議院は、変化に関して現状維持的に働くようになったと思う。近年与党の国会運営がきわめて困難になっているのは、相当部分がこのためである。

いかなる社会でも長い時が経過すると、さまざまな変化が起こり、現状が桎梏となることは避けられない。大きな変化は憲法を変えなければ対応することができない。日本が変化を求められる時代に入った今、あまりにも現状維持的な現在の仕組みは、国民の変化への期待を裏切ることになる。第二院の参議院の存在が、安定をもたらさないで、逆に日本の政治を身動きのとれない不安定なものにしてしまっているのは、早急に改善を要する問題である。憲法はわれわれの生活に直接関わるところが少なく、むしろわれわれの権利や生活を守るように見えるが、実は長い時間の経過とともに、われわれを身動きできなくさせる拘束服になるという面もあるのである。

(二) 地方自治の重要性

二六〇年の平和が続いた徳川時代は不思議な時代であった。各地に藩が置かれ、幕府の強権で藩の取り潰しや国替えが行われたが、そういう制約下ではあるが、地方には特色ある治世が行われていた。そのDNAは現在でも色濃く残っている。しかし、戦争遂行のための強力な中央集権と、戦後の東京への異常な一極集中で、地方は衰微し、漂流を続けている。既に夕張市のように破産した地方自治体も現れ、このままではそう遠くない将来に相当数の地方自治体は維持できなくなると言われている。

竹下首相の「ふるさと創生」論以降、地方自治体の合併が行われ、道州制の導入、首都機能の地方委譲、財政と権限の地方への委譲等さまざまな議論がされているが、方向性は一向に見えて来ない。強靭な日本はバランスの取れた地域の活性化なしには実現しない。憲法改正で地方自治の問題が新たな進展を見せることが期待される。

（ホ）緊急事態への対処

ほとんどの国が憲法上に、他国からの攻撃、内乱、大規模災害等の緊急事態が発生したときの対処についての規定を置いているが、現行憲法には緊急事態への対応の規定がない。緊急時には国会を開いて対応を決めるという基本的な考えで、衆議院が解散している間の内閣の参議院召集についての規定があるだけである。明治憲法では緊急時に公共の安全を守るために勅令で対処するとか天皇が戒厳令を敷く等の規定があった。現状は緊急時への対応が、きわめて間延びしている印象である。日本のような天変地異の多い国にしては不思議と言えば不思議である。政府が緊急時規定を乱用する危険の方をより重く見たのであろう。

これまで七〇年近く緊急時規定なしで何とか済ませて来たのだから、緊急性が高いとは言えないかもしれない。ただ東日本大震災や最近の御嶽山の噴火から、久しく鳴りを潜めて来た日本列島にも今後大きな天変地異が起こるかもしれない。また日本を取り巻く国際情勢も緊張し始めている。緊急時対応について憲法に何らかの規定を早急に置く必要があると考えられる。

以上はあくまでも私見であって、人によりこの他にも多くの優先性の高い問題があるであろう。緊急性はそう高くないが、環境や人権について、新しい規定を置くことも重要である。私は憲法改正という手段について、前文改正で突破口が開かれれば、それに続くものについての国民の意識と議論の高まりを通じて、宿痾《しゅくあ》とも言える多くの日本のさまざまな問題点に解決の糸口も出て来ると確信する。

2　注意すべき世界の眼――不用心なスローガンは危険

日本における憲法改正論において完全に欠落しているのは、世界の日本を見る目がどのようなものであるかということについての正確な認識である。日本人は不思議なほど世界が日本をどう見ているかを気にして来た。日本人ほど日本論について語ることを好む国民はいないかもしれない。しかし、ことが憲法改正問題となると、とたんに論者の眼は内向きになる。政治家は好んで「普通の国」になるためにとか、「戦後の総決算」とか、「レジーム・チェンジ」をする等、日本をリセットして、戦後を否定するように受け取られても仕方がないような説明を平気で行う。このような政治スローガンは国内ではある程度理解されるかもしれないが、発言者の頭には、国際的に、思ってもいない反応が、思いがけない方向から、返って来る危険があることなどどこにもないようだ。

冷戦中は日本は全体主義国家ソ連に対抗する陣営にあるということで日本の立ち位置は多く

の国で肯定的に評価されていた。冷戦の終了はこの状態に終止符を打って、多くの国に新しくその立ち位置を正当化する必要が生じた。日本は冷戦の終了後バブルの崩壊が起きて自分のことにしか頭が廻らなくなったので、この危機意識が希薄である。価値観を共有していることを述べることで、日本が安全な立ち位置に身を置くことができると思ったら、甘いと言わざるをえない。アジアの近隣諸国、さらには米国においてすら、日本を厳しい眼で見つめていると思ってかからなければいけない。

（1）厳しい世界の眼

四〇年にわたり外交官として仕事をして来て、私は自分の国が外国において充分に理解されていると感じたことは一度もない。ごく一部の日本研究者は別として、政治家であろうが一般国民であろうが、外国人が日本を見る目は客観的な事実の理解の上になされるのではなく、一種のムードのようなものに支配される。その国にとって日本の存在がプラスになるかどうかが判断の基となるのは仕方がないことである。途上国においては日本からの資金的、技術的な援助が日本への好感度を高めた。

政府や企業関係者の間の関係を離れると、日本人と外国人との人間同士の接点は、島国であることや言葉の壁もあり、驚くほど乏しい。ブラジル等若干の例外もあるが、移民として外国に渡った日本人と本国日本との関係は、歴史的に世界中に商業機会を求めた華僑と中国の関係は言うに及ばず、戦乱に伴い今世紀に入って多くの難民が外国に移住したベトナム、韓国にも遠く及ばない。日本観は日本製品を通じるか、その国の政治家の発言に強く影響される。最近になり、インターネットの普及やアニメ等の映像を介するクール・ジャパンと言われるような若者の間の日本文化の浸透もあり、事情は好転しているとはいえ、日本人の人間的な国際接点の不足は日本にとって大きなハンディキャップとなっている。

最も重要な隣国であるアメリカとの間では、戦後占領軍として日本に滞在したか、あるいは朝鮮戦争の時に日本で帰休した兵士たちの持ち帰った日本の好印象が長く存在して、日本観が脱線しない歯止めの機能を果たしていた。しかし、その世代は過去のものとなりつつある。近隣アジアについても事態は深刻である。中国人との人的接触は先細り傾向が続き、現在は極端に細くなっている。有史以来密接な血の繋がりのある朝鮮半島との関係も、近隣であるが故の反発も強く、現在韓国に関しては、日本人の心理の中には断絶に近い感情が生まれていることは不幸なことである。政府により組織的で継続的な反日教育が行われる場合には、その国にはきわめて否定的な対日感情が支配することになり、日本だけでそれを改めるのは至難の業である。

一般的に言って、欧米においては第二次大戦直後の時期には、日本人の「残虐性」や「模倣性」が類型的な日本像の大きな部分を形作っているように見えた。それでも日本の国力が大きくなるにつれて、日本への関心は高くなった。七〇年代から八〇年代の日本の興隆期には、日本人は「公正さ」に欠けるとか、「攻撃的」という非難に直面した。

八〇年代に米国で強くなった「日本異質論」は、九〇年代に入りバブルの崩壊に伴う日本経済の長期的な低迷によってほぼ霧散した。「日本異質論」の背景には、日本は欧米と異なっていて、しかも欧米よりも成功しているのではないかという懸念があった。そこでいわゆるリヴィジョニストと呼ばれた一群の知識人により、日本がいかに欧米と異なるかを検証し、そのなかに「不公平な」要素を見いだすという点に、努力が向けられた。その意味で政治的な動きであり、必ずしも学究的な態度に裏打ちされていたとは言い難い言説も多かった。なによりもそのことを物語っているのは、日本の国力が衰えたと見られるや、「日本異質論」は急速に影を潜めたことである。

日本人は「異質論」に対しては、基本的に「同質論」をもって対抗した。日本は欧米諸国と基本的な価値を共有するという側面に光を当てて、「日本異質論」から導き出される虞《おそれ》があった日本差別待遇の危険の除去に努めた。この態度もまたきわめて政治的な動機に基づいたものであったが、それなりに現実的な対処ぶりであった。

二一世紀初頭にはサブプライムローン・ショックやリーマン・ブラザーズの破綻などの米国の金融危機が世界を揺さぶった。何と言っても世界の様相を変えたのは二一世紀の最初の年である二〇〇一年に米国で起こった九・一一の同時多発的なテロの衝撃である。永年「アメリカ要塞」と呼ばれて来たように、第一次大戦以降米国は無数の戦争を戦ったが、米本土への攻撃はまったくなかった。それだけにニューヨークが誇るツイン・タワーが目前で崩壊し、ペンタゴンすら攻撃の対象になったことは、アメリカ人にとり、まさに青天の霹靂で、理解を超えるものだった。国際政治を勉強したものには、アメリカの中東政策、とりわけその際立った親イスラエル政策が、イスラム世界にきわめて大きい不満を積み上げて来たという背景は理解できるが、一般米国人はそうではなかった。米国はこの出来事の根本的な背景を理解できなかったがために、九・一一への対応は「テロとの戦い」となってしまい、結果的に中東世界を大混乱に陥れ、その余波は今もって続いているだけでなく、解決の出口も見いだせない。

そのなかで明らかになってきたことは、欧米の安寧に危害を及ぼすものを、欧米は「異質」と見なして、攻撃性を高めるということである。九・一一以降の米国のイスラム文化への非寛容性の高まりも、そのことを立証している。いずれの社会も異質なものと直面することを避けることはできない。何らかのやりかたで異質要素と折合ってゆくことが必要になる。

その際に異質要素の側に必要な変革を求めて、その枠の中でこれを受け入れるという方法論と、自らを変革して異質要素を取り込んでゆくというやり方の二つの方法論に大別されよう。前者がアメリカ型であり、後者の代表は日本であろう。中国もその中華思想はどちらかというと前者に近いと云えよう。

「異質論」の狭間で日本が発見してきたことは、欧米世界の日本認識と日本人の自己認識の間にはかなりの隔たりがあるということである。なぜこの認識ギャップがこれほど大きくなるままに放置されて来たかについては、さまざまな理由がある。

（2）認識ギャップの問題——「説明しない」日本人の特性

まず日本側の理由であるが、最大のものは日本人の「説明しない」という文化的、社会的特性が挙げられる。大陸の中心に位置する文明は、ともすると自己の価値基準を絶対視する傾向がある。しかし、日本は大陸の外縁部に位置しており、自己の文化をそれよりも大きい普遍的な文明との遭遇の中で見ることに慣れていて、弥生時代でも、平安時代でも、下って明治以降も、戦後も、巨大な外来文化を取捨選択して自分の中に包摂するということを繰り返して来ている。相手を説得するのではなく自分を相手に合わせる状況対応型の国である。勢いこの環境のなかでは、強い自己主張を粘り強くすることはない。農耕社会の特色である集団主義社会である日本では、相手との関係で「言挙げせず、相手を思いやる」のが一般的に好ましい態度であるとされて来た。口頭でも書いたものでも、日本人がその心の底、つまり「本音」を明かすことはめったにない。日本人は日本版の「政治的な正しさ」ともいうべき「建前《たてまえ》」で済ますことを好んでいる。

そのこともあり日本人はどうも自己主張や説得技術が得意でないようだ。日本と日本人そして日本文化については、日本人によって語られるよりも、非日本人により代弁されることが多かった。日本についての名著は、数少ない例外を除いて、ほとんど非日本人の手になる。

言語の障害はこのことをさらに悪化させている。欧米言語とも中国語とも根本的に異なる日本語は日本列島でしか通用しない。きわめて例外的な「日本通」の外国人以外には日本語で書かれた文献は何らの意味も持たない。日本語で書かれた文献は、世界の共通智としては存在しないと言っても過言ではない。一〇〇〇年を超える過去から日本国内に膨大な日本語文献が積み上げられている。神田の古本屋街を歩いて瞥見《べっけん》すれば、それが質量ともに如何に大きいかが判るであろう。近年その若干のものが外国語訳されているが、それは海面上に現れている氷山の一角よりもさらに少ない。おそらくイスラム文化圏についても同様な事情にあり、イスラム理解を妨げている大きな要因であろう。日本で発行されている英字紙は、日本人の考えを世界に示すという役割をほとんど果たしていない。日本の通信社は非力で、アルジャジーラのような映像メディアすら存在しない。世界は挙げてインターネット時代だというのに、日本人により外国語で書かれたブログもきわめて限られている。

外部世界側の事情も複雑である。日本の将来にとり死活的な重要性を持つ国は、米国と中国であることは明白である。同時にこの二国の関係が安定的に推移することが日本の利益であることも明白である。われわれはこれら両国の日本認識の重要性を認識すべきであろう。韓国も重要な隣国ではあるが、国民性も複雑で、歴史的に関係が密接であるが故に、きわめて屈折した対日感情を有している。現在の関係はおそらく史上最悪であり、これ以上の悪化は考えられない。ここ数年の経験から日本人は、韓国との間では戦後長年にわたり、日本が日本的な「相手を思いやる」姿勢から行った行動が、ことごとく裏目に出たことを熟知するに至った。韓国人が利害得失にもう少し合理的になり、バランス感覚を持って日本を見るようになることを期待するが、この条件が満たされない限り、日本としては距離を置いて対処するしか対応の仕様がないのが実情である。事大主義の国民性を持ち、中華世界に属するので、本家の中国の日本認識が改善すれば、韓国の考えにも好影響があるかもしれない。

外部世界の日本認識は一様ではない。日本に好意を寄せる国の数は批判的な国の数を大差で圧倒している。日本の敗戦後二〇世紀の後半に植民地の桎梏を脱して独立した途上世界との関係は一様に良好である。日本が平和路線に徹し、ODA（政府開発援助）を通じ、これら諸国の発展に寄与したことも与っている。タイ、トルコ、イラン（ペルシャ）、エチオピア等の戦前からの独立国との関係は非常に親密であり、日本への国民感情も一様に良好である。中南米諸国との関係も調和的で日本に対する感情も良好である[6]。旧大陸ヨーロッパ、太平洋を挟んで米国そして中国と韓国等の近隣諸国の日本への認識は歴史的に変遷し、複雑である。若干脱線になるが、地域的な日本観の推移を概括的にここで述べておきたい。

3　地域により異なる日本認識

（1）ヨーロッパの日本認識——高い文化への関心

旧大陸であるヨーロッパの日本認識の特徴は、一貫した日本文化への関心の高さであると言えよう。マルコ・ポーロの『東方見聞録』はヨーロッパ人に黄金の国ジパングのイメージを植え付けたが、アメリカ大陸との遭遇をもたらした意義はさておいても、内容は荒唐無稽である。ヨーロッパの本格的な日本認識は大航海時代に入り、ポルトガル、スペインがカトリック教会の布教活動と貿易を通じて日本と接触を持ったことに始まる。次いで新教国オランダ、英国が東インド会社の活動を通じて貿易面で日本に接触を持った。一二五〇年を超える徳川幕府の鎖国時代には、ヨーロッパとの関係ではオランダのみが日本との交易を認められた。これらの交流を通じて、ヨーロッパは、日本はヨーロッパとまったく異なるが、かなり高い文化を持つ国であるという基本認識で始まったと言ってよいだろう。

一九世紀末の開国後、夥しい浮世絵、仏像、工芸品が日本からヨーロッパに流れた。またロンドン（一八六二）、パリ（一八六七）、ウィーン（一八七三）で開催された万国博覧会に日本の工芸品が出品された。これらの影響でヨーロッパに日本趣味が始まり、クロード・モネ、マネ、ドガ、ロートレック、ゴッホ等の印象派の画家たちはジャポニスムを流行させた。見逃してはならないのは、キリスト教倫理の埒外《らちがい》にある「開放的な」日本の性風俗から生まれた愛らしいお人形のような日本女性への興味である。ピエール・ロティは『お菊さん』でこのような日本女性とのアヴァンチュールを描き出した。同様な小説は無数に書かれ、プッチーニは、オペラとしては傑出した『蝶々夫人』を作曲した。

明治新政府は鉱業と産業を除き、ヨーロッパをモデルに諸制度を構築した。明治初期に来日したヨーロッパの外交官、旅行家、そして「お雇い外国人」と言われる日本の先生達は、勤勉でよく学習する日本人に好ましいイメージを持った。一般的に言って二大植民国家であった英国とフランスにおける日本観には政治的な偏見は乏しかったように見受けられる。「黄禍論」はむしろ後進ヨーロッパであったドイツやロシアに見られた。

その中でも二〇世紀初頭南下するロシアに対抗するため、日本と同盟を結んだ英国には長い日本研究と理解の伝統が存在した。ラザフォード・オールコック、アーネスト・サトー、ジョージ・サンソム、イザベラ・バードには、できる限り日本人の生活慣習を客観的に見ようとする態度が顕著であった。

ヨーロッパにおけるロマンティックな日本のイメージは日露戦争で一変するが、日欧間の地理的な距離は、日本を政治的ないし軍事的な敵対者と見るより、低賃金による粗悪品のダンピングという貿易上の脅威として認識するものであった。三〇年代の大不況期にヨーロッパは高関税で自衛策をとり、むしろ日本側に疎外感が高まった。四〇年代に日本は東南アジアに軍事的な進出を行い、日本は戦争に敗れたが、アジアのヨーロッパ植民地のすべてはついにヨーロッパの手に戻ることはなかった。

日本人により経済利権を失い、一部の国民が捕虜や抑留者として苦痛を味わったヨーロッパは日本に対して不愉快さと反発を感じざるをえなかった。しかし、起こったことの相当部分は、植民地主義の終焉の歴史の流れの中で起きたので、英国やオランダの戦争被害者を除けば、ヨーロッパの人たちの心の中に、抜き去り難い日本への敵意が残ったことはないように見える。

経済面でもヨーロッパは戦後ガット三五条の援用など、日本の貿易上の攻撃に対して予防的な措置をとったので、結果的には日欧間の経済的な利害対立は日米間のように強くならなかった。七〇年代の終わりにはマーガレット・サッチャーが日本の対英投資を歓迎したことが与って、日本の欧州への産業投資が進み、総じて欧州における日本イメージは良好であったと言えよう。

(2) 米国の日本認識——保護から敵対への振幅の激しさ

アメリカ人は、ペリー提督の来航により日本が開国したこともあり、ヨーロッパの異国趣味とは一味違う、どちらかといえば日本については好意的な保護者の心理(パトロネージ)を持っていたと言える。ブロードウェーをパレード行進する日本使節団の一行についてホイットマンが書いた『草の葉』の詩がこれを物語る。しかし第一次世界大戦後、米国西海岸諸州に、太平洋を越えて日本の影響力がしだいに強く感じられると、対日警戒感が台頭し、日本人移民に土地の所有を禁じるカリフォルニア州法の成立と、これに対する日本の激しい反発から、米国の国民感情はしだいに反日に転じる。

さらに三〇年代には米国は、その自己利益から中国を支援して、日本に敵意を深めるようになった。その背景には中国との関係の深かった米国人宣教師、銀行家や商人の中国支援の動きがあった。一九世紀末に遅れてアジアに権益を求めた米国は「中国における門戸の開放と機会の均等」という戦略で、その地歩を固める政策を遂行した。当然に中国市場を壟断《ろうだん》しようとする日本の政策との衝突は不可避であった。

中立的なメディアの考えを捨てて、意識の変革をキャンペーンする姿勢で米国メディアに新風を起こしたヘンリー・ルース(7)は、一九三六年にフォーチュン誌で総合的な日本分析の特集を直接企画し、世に送った。太平洋を渡るのに船で二週間かかる時代に、この特集号のために彼は二人の優秀な編集者を日本に七週間にわたり送り込んだ。特集号は広告もすこぶる多いが多数の写真入りで約二〇〇ページにわたり、日本の歴史、支配階級、産業と通商、国民の生活、農村、思想統制等の諸点について鋭い分析を行った。日本の真珠湾攻撃により日米戦争が勃発すると、この日本特集号は米国の日本観に決定的ともいえる影響力を及ぼしたと言われる。

私がこのいわば歴史的な出版物を知ったのは、日米間の経済摩擦が激化した一九八〇年代末から九〇年代の初めにかけて、ニューヨーク総領事を務めていた時である。当時ロックフェラー・センターやコロンビア・ピクチュアズの買収に象徴された日本の対米投資に対し、アメリカ国内に激しい反発があった。中東石油に依存しながら湾岸戦争への貢献が乏しいことへの強い批判もあった。私はテレビ、新聞、雑誌等の米国メディア関係者に、誤解を正し、いわれのない危惧を指摘する広報活動を行っていた。ある時親しい米国の友人が、米国において日本の異質性を最初に体系的に論じた出版物として、この特集号を読むことを奨めてくれた。読んでみて、日米戦争が始まる五年前にこれだけの日本分析がなされていたことに驚くとともに、特集号の提起した日本異質論が、半世紀を経ても当時のアメリカに脈々として流れていたことに背筋が寒くなる思いをしたことをよく覚えている。

特集号の冒頭に掲げられた、日本観の変化についての短い一文ほど、日露戦争まで好意的だった米国の日本観に起こった劇的な変化を説明しているものは見当たらない。それは「いかなる辞書においても日本人という言葉ほどその意味を早く変えてきたものはない」という書き出しで始まっている。ちょっと長いが割愛するのは惜しいほど面白いので、その後のサワリの部分を以下に引用する。

1936年、フォーチュン誌日本特集号の表紙（左）とその誌面

「英国のエドワード八世がベビーベッドの中の赤子だった四〇年前は、日本人の同義語は『風変わり（quaint）』だった、つまり一八九〇年代のものにとって、日本人というのは、真面目なアメリカ人が人前で着るなどとは決して思わないような、寝巻き以外の何ものでもない奇妙な小さな着物を着て、奇妙な歯をむき出しにした笑いをしながらお辞儀をし、奇妙な小さな紙の家に住む、奇妙な小さな黄色い人物だった。

　彼らの国と言えば、気高く私心のないペリー提督によって数百年におよぶ夢見るような空想の世界から呼び起こされた一種のリップヴァンウィンクルか眠れる森の王女のようなもので、日本人が目に入った桜の花びらを払い、現実に適応しようとする努力は美味しいほど（deliciously）可笑しく、あまりに可笑しいので、あたかもギルバートとサリバンの喜劇を思わせるものがあった。

日清戦争でこの小さな黄色い人たちは、清国の西大后のドイツ製の新しい大砲を、彼女の臣民たちが梱包からほどいて組み立てて射撃をする前に、ちゃっかりと自分のものとしてしまった。上に述べたような日本人の印象は、日清戦争後一〇年ほど続いた。

日本人の次の同義語は『驚くべき（amazing）』である。この語は日本が大連を陥落させてからさらにその後の一〇年間に当てはまる。彼らは身長が五フィート二インチ（訳者注　約一メートル五七センチ）という驚くほどの小柄で、まぶたにモンゴル皺があり、子供の時にはお尻に青いモンゴル斑を持っていて、細長い木片で米と生の魚を食べ、赤ん坊の離乳時期が大変に遅いので、子供は母親の乳房から学校の黒板へ向かい、また乳房に戻る。それにもかかわらず乃木とか東郷とかいう提督や将軍たちがいて、ちゃんとした背丈があり、ちゃんとした肌の色をした、自然で普通のロシア人を追いだしたのである。

『驚くべき』とはまさに彼らにふさわしい表現であった。日本人は野蛮さから抜け出したばかりなので、ヨーロッパ人をバターと脂肪の匂いがするとして嫌悪し、女性の足さばきに魅力を感じないで、何と、うなじに性的な刺激を受けるのだ。目上の人への敬意を示すために蛇が出すような音を立てて息を吸い込むし、鼻をかむのを非礼とするくせに盛大なげっぷを妙なるお世辞と受け取るのだ。玄関で靴を脱ぎながら、教会へは帽子をかぶったままで入るこんな国民が、全ロシアの皇帝に平手打ちを食わせたことほど驚くべきことはないではないか。

驚きの時代は第一次世界大戦まで続いた。しかし、驚きはアメリカ人、英国その他の同盟国人が、日本人も彼等同様に第一級のヨーロッパ国家（訳者注　ドイツのこと）を打ち負かしたのだと意識していることが判るに及んで消えうせた。このことが判った途端に、日本の同義語は『厚かましい（presumptuous）』に一変したのだ。ただ存在できることについて、ペリー提督に感謝しなければならない、この最近まで奇妙としか言えないような人たちが、あたかも彼らも独自の存在たりうる独立の権利があるように振る舞いだしたのはもう我慢の域を越えていた。日本軍が東シベリアを占領し、パリの講和会議で山東半島のドイツの権益を寄越せと求め、日本の新聞が日本人移民の米国からの締め出しを声高にかつ大変非礼にも非難したのはもうやり過ぎもいいところだった。

こうしたことで一気に明らかになったのは、日本人は最初に考えられていたほど『驚くべき存在ではなく、単に『厚かましい』だけだということだった。日本人は今日ここまで発展して来たが、実際にはさほど芸術性に優れた国民ではなかった。日本人は独自の芸術を持ったことは一度もなく、この国で評価に値する作家といえば、一〇〇〇年も前の女性（訳者注　紫式部のこと）ただ一人である」

二一世紀に入った今の時点で、われわれが冷静な眼でこの一文を読むと、この日本観は基本的に歪んでいることは明らかである。一口で言えば欧米諸国が行ったことと同様な行動を日本がとることに対する違和感である。今様の言葉を使えば、国際行動についてのダブル・スタンダードと言っていいだろう。また行間から滲む日本への偏見と苛立ちに圧倒される。すべての行間から、ある種の人種的偏見と日本への本音の苛立ちが滲み出ていることを感じ取ることができる。米国は、ペリーの浦賀来航で無理やりに国際場裏に引きだした日本を、初めはあたかも保護者のような気持ちで驚きの目で見ていた。そのうちに、日本が欧米の土俵で対等の立場から振る舞いだすようになると、アメリカ人の視野に日本は不愉快な存在として大きく投影されるようになった。

一九三六年のフォーチュン誌における日本特集号のこの記述は、このような米国人の歴史的な意識の変遷をよく示している。中国に傾斜していたヘンリー・ルースの色眼鏡で偏見に彩られたところはあるにせよ、米国が日本を見る目は大筋でこのように変化してきたといえよう。これに「真珠湾騙し討ち」攻撃の衝撃と三年七ヶ月に及ぶ苛烈な戦争があり、アメリカの日本像は、日本人を「人間以下（subhuman）」と教える戦争宣伝もあり、これ以上悪化することはありえないほどのレベルに落ち込んだ(8)。

日本は徹底的に破壊されて敗れた。占領下で日本に再びアメリカを攻撃しない国に変えるための徹底的なレジーム・チェンジが行われた。冷戦下に日本がアメリカとの同盟を選択したために、アメリカの対日観に若干パトロネージ的なものが戻って来たが、私は長くは続かなかったと思う。戦後米国が構築した自由貿易体制の中で日本の国力がしだいに回復して来ると、日本の経済的な脅威が再認識されるようになる。歴史は繰り返すとでも言おうか、「日本異質論」が再登場し、八〇年代から始まる「日本叩き」はその基礎に対日憎悪があるとしか考えられないほど異常なものであった。アメリカには自国に脅威を与えるものを常に誇大視する傾向がある。敗戦直前の日本の戦争遂行能力は戦略爆撃で完全に破壊されていたが、硫黄島、ペリリュー、沖縄戦で絶望的な日本軍により激しい抵抗が見られたことから、「本土決戦」の人的損害を避けるために広島と長崎の二都市に原爆が投下されたのは真に不幸なことであった。「日本叩き」の時代に「アメリカを買い占めうる」とまでモンスター化した日本像は、直ぐに土地バブルであったことが判った。その後の失われた二〇年間に、アメリカは日本を問題視しなくなったのは悪いことではないが、私は戦争と経済摩擦の間にアメリカ人に刷り込まれた日本は「気を許せぬ存在」であるとする不信感と違和感は伏流水のように生き続けていると思っている。私は日米同盟支持者であるが、日本人はこのことを決して忘れてはならない。官民を問わずあらゆるレベルで不断に日本人の本音の考えをアメリカに説明し、不必要な誤解を避ける努力を惜しんではならない。

（3）近隣北東アジアの日本認識——華夷秩序の残照

北東アジアの二つの隣国、すなわち韓国と中国においては、伝統的に日本に対して好意的でない感情が強く、近年ますます強くなっている。日本人と朝鮮人、中国人との間の深い溝は、歴史的なものであると同時に、これら三国の文化的な背景に基づく。しばしば大衆レベルのみでなく政府レベルで、日本とこれら両国の間に、欧米の論理を越える激しいやり取りが繰り返されるので、日本が隣国と和解ができていないとして欧米の話題になる。確かに日本側で不適切な発言がなされることもあるので、不和の原因の過半が日本側にあるように見えるかもしれない。しかしその背景には複雑な要因がある。

第一は東アジア大陸部には、中国を中心とする華夷の世界観の残照とも言うべき文化的な基盤が依然として影響力を持っている。日本は中国の文化の影響を色濃く受けているが、地理的な条件もあり、しだいに独自色を強め、よく知られているように一九世紀末に至り「脱亜入欧」の基本方針を取り、急速な西欧化の道を辿った。その結果、社会制度も文化も日本は表面的にほぼ完全に西欧化したが、同時に日本は西欧的な力の信奉者となって、近隣諸国の支配に向かった。日本の西欧化は東アジアの華夷システムと正面から対立するものであった。

韓国は儒教世界の正統の理解者を任じるほどで、現在でも中国を兄とする親近感を持つようである。韓国人の眼からすると、日本は儒教的な東アジア文化圏の鬼っ子であり、ある意味で蔑視の対象となる。中韓両国の日本認識は、これら両国と日本の間の現代史の経験の相違もあるので、必ずしも同一ではないが、相当程度共通する要素が存在する。

第二は日本の成功への一種の妬みとも言うべきもので、激しい敵愾心《てきがいしん》の対象となる。九〇年代からの日本の経済的な停滞と、これに反して韓国、中国の目覚ましい経済発展は、日本を追い越すことが可能であるという気持ちを生んでいる。日本は普通の国となり、恐れる必要はなくなった。日本に追いつき追い越すことが韓国の人の夢となり、日本を凌駕するという気持ちは中国にも強い。

第三は、東アジアに存する、歴史的に日本は「好戦的」で「残忍」であるという抜き難い意識である。北東アジアでは大陸欧州と異なり、諸国がお互いに攻撃し合い、進入し合ったという歴史が存在しない。日本への大陸からの軍事的な上陸は、地域も期間もきわめて限定的であった一二世紀の元《げん》の日本来寇を除けば存在せず、日本から朝鮮半島と中国大陸への一方的な侵攻の歴史しかない。日本人が朝鮮人や中国人と比してより好戦的であるという証左ではないが、この厳然たる事実は、北東アジアの非日本人の眼には、日本人はより攻撃的であるという印象を固定化するのに役立っている。

特に朝鮮との関係では、神功皇后に始まり、豊臣秀吉、倭寇の跳梁、三六年にわたる併合と同化政策の歴史とその記憶がある。それらは決して彼らに日本人に好意的な気持ちを抱かせるものではない。同様に中国は日清戦争の敗北の恥辱、中国大陸への日本の侵略行動、日中戦争中の殺戮と破壊など、日本の手による傷痕は生々しく、深刻である。中韓両国の小説、伝承における日本人の姿が非人間的であるのは、(9) これらの歴史を考えるとやむをえない。不幸なことに韓国や中国における歴史は「正史」であり国定であり、日本人の眼からすると、日本による殺戮と破壊の側面が強調され過ぎていて、日本嫌いを永続させる効果を持っている。

第四に両国が提携して、日本に対して、首相の靖国神社参拝の中止を求めたり、日本の教科書における「戦争美化」傾向を非難する等、いわゆる「歴史認識」で政治的に共闘していることである。韓国のインテリ層の中にはマルクス主義に共感する人たちが少なくないこともあり、反日運動は複雑な様相を呈している。これらの四つの要素は、日本を一方として中国、韓国、北朝鮮を他方とする関係を考慮するに当たって、決して見逃してはならない共通項である。その上で個別的にもう少し仔細に考察してみよう。

（イ）韓国・北朝鮮――「反日」でアイデンティティの確認

日本人の起源は複雑で、有史以前からあらゆる方向から、この島嶼《とうしょ》への人の移動があった。そのなかでも日本の文化に大きな影響を残しているのは、弥生時代に朝鮮半島から多数の朝鮮人が進んだ文化を持って移住して来て、この地に帰化したことである。これに伴い仏教という形而上的な思想を初めとして、さまざまな大陸の先進技術が日本に伝来した。

中国文明の持つソフト・パワーは強大で、日本を含む東アジアは中国の支配者との間に朝貢、冊封《さくほう》のいわゆる「華夷体制」を受け入れていた。安土桃山時代までは日本人は独自の文化を持っていた。日本人は独自の文化を持っているという意識はあまり強くなかったように思われる。アニミズム的な「カミ」への畏怖の念を除き、儒教、仏教という日本人の宗教的な意識は大陸、特に中国を起源としている。日本人は大陸文化に兄事し、民族的に中国人や朝鮮人に充分の敬意を払っていたと思われる。江戸時代になり、閉ざされた空間の中で中国文化が咀嚼《そしゃく》され、しだいに日本化していく過程が進み、「日本性」が意識されるようになった。それとともに日本では徐々に朝鮮のみならず、中国との間にも対等の意識が醸成されていったと見られる。

それでも日本が華夷体制の中に身を置くことは認識されていた。特に儒教の教えの理解については、朝鮮人学者の方が遥かに日本の儒学者より進んでいた。日本人がこのことを認めていたことは、江戸時代における「朝鮮通信使」の受け入れに当たって新井白石が日本にとり適切な儀礼の維持に示した細心の注意によっても明らかである。どちらかと言うと朝鮮側には、日本を一段下に見る感情があったようであり、少なくとも日本も朝鮮も中国との関係では、対等の隷属者であるという序列を墨守しようとした。(10) 現在でも韓国では天皇をあえて「日王」と呼称しており、華夷意識の存在を如実に示している。

明治維新でこの状況に根本的な変化が生じた。「脱亜入欧」政策の結果、日本において脈々と流れていた華夷体制を意識する地下水脈は完全に断ち切られたのである。日清戦争で日本が「眠れる獅子」と恐れられていた強大な清国を破った結果、日本の側で反動的に中国を見下す意識が強くなっていった。華夷思想に囚われた朝鮮人との間で意識の食い違いは鮮明になった。日韓併合後の日本の朝鮮統治は、欧州列強がやったような植民地化ではなく、同化政策であったために日本への反発は一層根強くなった。

韓国の最も深刻な問題は、おそらく朝鮮アイデンティティの確立であろう。日本とのあまりにも強い絆と類似性は、この作業を困難にする。韓国政府の日本非難にもかかわらず日本のお茶の間では現在でも韓流《はんりゅう》映画は人気があり、映画の主人公の行動様式に日本の昔の礼譲の継続を感じ、あらゆる他民族と比して、日本人は韓国人に最も親和力を感じるのは確かである。結果逆に韓国側では「内なる日本」は、自己のアイデンティティ確立に当たって障害になる。結果的に反日に自己のアイデンティティを見いださざるをえないのではないだろうか？　不幸なことに独立回復後の韓国における反日教育の内容が、あまりにも一面的に過ぎた。民主化が進むにつれて、この時限爆弾が炸裂して、両国の間の溝が年を追うごとに深まっている。一九九五年の「光復五〇周年」に金泳三《キムヨンサム》政権により大々的に進められた「鉄杭除去」運動[11]、盧武鉉《ノムヒョン》大統領が進めた親日反民族的な日本への協力者の剔出《てきしゅつ》作業、李明博《イミョンバク》大統領の挑発的な竹島上陸、朴槿恵《パククネ》現政権下の「従軍慰安婦」問題の固執は、日韓関係の将来を暗澹《あんたん》とさせる。もともと日朝間には深い関係と類似性[12]が存在したのに、三六年間の日本の同化政策の過去を拭い去ろうとする現代韓国人の熱意が、どうしたら満足させられるかのか、どこに向かうのかを推測することは私にはできない。このまま推移すると対馬海峡の幅は年々広くなり、長い眼で見ると韓半島は中国大陸の一部と化すことも絶対にありえないことではないとすら感じさせる。

（ロ）中国——米中結託戦略の罠

長い歴史を通じて、中国文明は東アジアにおける唯一の支配的なソフト・パワーであった。中国人は周辺の蛮族たちが中国文明を取り入れるのは当然であるという気持ちを持つ。この強い中華思想は、一九世紀末からの日本の目覚ましい軍事的な勃興の前に、一時色褪せたかに見えたが、一九四五年日本の敗北と中国共産党の一党支配の確立と、中国の軍事的、経済的な大国化に伴って、再びその姿を取り戻しているかのように見受けられる。ソフト・パワーというものの性格から、その行使者は、自分が相手に支配力を及ぼしているという自覚に乏しい。米国人がそうであるように、中国人も同じようなメンタリティーを持つ。

日本人の側ではかつて七世紀初めの小野妹子《おののいもこ》の隋への派遣の頃からすでに、日本は中国とは別個の存在で、中国と同格であると考える意識があったようである。とはいえ近代まではすべての時代を通じて、中国は日本のメンターであり、文化的には日本は中国の影響下にあった。漢字、絵画、仏教、儒教的なものの考え方など日本の内なる中国は巨大で、明治以降の急速な西欧化にもかかわらず、日本人は現在においても心の中で中国に一目も二目も置いている。

一九三〇年代から四五年に至る時期、日本は中国大陸に軍事的な侵略を行った。日本が戦った陸上の戦闘は大部分中国大陸で戦われている。近代戦は総力戦であり、兵士と市民の区別が困難になったため、双方で相手国民間人への攻撃が行われた。この間に中国人が被った人的、物的な損害は甚大であった。中国人が受けた被害は朝鮮の場合とは比較にならないほど巨大であった。中国人の日本への憎しみもまた巨大である。中国人が賠償とか経済協力等により、この憎しみを相殺することはありえない。私は一般の日本人はこのことを充分に理解していると思う。日本人は中国人に対し、健全な加害者意識を持続させて来た。具体的な被害の規模についての中国の誇張について当惑を感じることはあっても、加害者であったことを否定するものは、おそらく一握りの頑迷な老人を除いては存在しないと言ってよい。今後とも長期間にわたって、被害の記憶は持続するであろうし、政府が記憶を忘れないように抗日戦争記念館を維持することにより、永遠に消えることはないだろう。これは日中関係における日本の「原罪」とも言うべきもので、このことを日本人は子々孫々まで銘記しなければならない。過去を過去のものとすることは加害者よりも被害者の方が比べ物にならないほど難しい。また加害者の側の記憶の劣化は、被害者よりも早いから、中国人が日本の歴史健忘症に永遠に不満を持ち続けることは避け難い。

日中戦争中に中国人が発した「中国は被害者である」というアピールは世界に確実に定着している。中国が発する日本観は、第二次大戦の覇者米国の日本観と補強し合って、国際的にきわめて否定的な日本観を定着させることにもなった。日本人が被害の規模が誇張されすぎているとか、東京裁判で採用された「田中上奏文」は偽書であるとか、満州皇帝溥儀《ふぎ》の証言は偽証であると反論することは、この圧倒的な日本の否定的なイメージをさらに悪化させることはあっても、その逆ではない。私は歴史家が感情を抜きにして事実を検証することには大賛成であるが、政治家の発言や日中両国間の言い合いでこれらの問題を取り上げることは百害あって一利なしと言いたい。

しかし、いかなる過去があっても民族は交際を続け、国家は関係を持たざるをえない。これが未来志向の考え方である。日中の政治家が血の滲む決断をして、一九七〇年に田中総理と周恩来、毛沢東主席の間で日本と中国は関係を再開した。両国は「小異を捨てて大同に付いた」のである。両国関係は主として経済面で良好な関係を積み上げて来た。一九八九年六月の天安門事件の結果、中国が国際的に孤立していた時代の一九九二年に天皇・皇后両陛下の中国訪問

尖閣沖で警戒する海上保安庁の巡視船、2011年

が行われたことは日本側に日中関係を強固にしたいという強い意向があったことは明らかである。ただ、その後の日中関係は日本側の期待を裏切るものであった。中国の政治中枢である中南海で、何時、何を契機に、何を目的として、友好路線を変更する決定が行われたのかは、実のところよくわからない。

一九八〇年代中頃以降、南京を初め中国国内各地に日本の戦争中の残虐行為を展示する抗日戦争記念館の建設が始まっている。一九八二年以降日中関係においては教科書問題が争点となり、首相の靖国神社参拝が外交問題化し[13]、中国は日本の側に加害者意識が乏しいとするいわゆる歴史認識問題を取り上げ、日本は「正しい」歴史認識を持つべきであるとの主張が執拗に行われるようになった。一九九五年八月の戦後五〇周年の機会に村山首相は「村山談話」を発表して、「植民地支配と侵略」に「痛切な反省」と「心からのお詫び」を表明した。その後の歴代政権はこの首相談話を継承しているから、ある意味で日本という国家が近過去についての公式な歴史認識を示したと言える。しかし、靖国神社参拝は依然として問題視され、残念ながら歴史認識問題はこの首相談話で決着しなかった。

二一世紀に入ると尖閣諸島の帰属を巡る日中間の葛藤が激化した。そもそもは一九六八年にバンコクに本部を置く国連の地域委員会エカフェの下部組織である東・東南アジア地球科学計画調整委員会[14]が「東シナ海の大陸棚の傾斜構造は中東の石油産出地帯のそれと類似しているので、ここに石油資源が存在する潜在的な可能性がある」という報告書を出したことに始まる。たまたま私は日本代表としてこの会議に出席していたので、急いで本国にこの報告書について打電したことを覚えている。当時後年に尖閣諸島を巡る今日のような中国との激しい領有権争いに発展するとは夢にも思わなかった。一九七八年に日韓両国の間に日韓大陸棚の共同開発協定が発効し、八〇年代に九州沖で何本も試掘が行われたが、石油の存在は確認されなかった。渤海湾《ぼっかいわん》や中国の大陸棚で石油の採掘が行われているが、はたしてこの地域に中東規模の大油田が存在するか、私は個人的には大いに疑問に思っている。しかし、中国はこの報告書の後、尖閣諸島に対する領有権の主張を明らかにした。日中国交正常化の時にこの問題を「棚上げ」した中国は、領有権の実効化の努力を始めた。多数の中国漁船が尖閣諸島の沖合に出漁し、二〇一〇年には中国漁船は海上保安庁の巡視船に体当たりし、その映像は日本人に衝撃を与えた。他方二〇一二年の日本政府による魚釣島など三島の購入は、中国国内に広範な反日デモ、さらには日本商品の不買、日本企業への破壊活動を惹起した。これより先、中国の若者の間には愛国主義が顕著となっていて、一九九九年の米爆撃機によるベオグラードの中国大使館空爆事件では中国の主要都市できわめて大規模な反米デモが展開され、二〇〇五年には日本の文部科学省が「新しい歴史教科書」を認可したことに対して日本大使館に大規模なデモが行われ、日系デパートが襲われている。尖閣国有化に反対する反日デモの参加者は「非はすべて日本側にある」と主張するようになり、中国政府がこれを愛国行為と認め容認したことはきわめて残念なことであった。

ただ、この関連で留意しなければならないのは、日本人はともすると中国を日中関係という限った視点からだけで見る傾向があるが、中国の国内事情、中国と世界との関係なども慎重に観察する複眼的な思考を忘れてはならない。中国人の間の愛国主義の高まりについては、一九九〇年代に入り、組織的に行われるようになった愛国主義教育の役割を無視できない。この政策は天安門事件後に中国指導部が欧米列強は、中国の若年層の思想信条に影響を与えることで、平和裡に中国の体制転覆を企てているという「和平演変論」に強い懸念を持ったことに端を発する。共産党一党支配の継続のためには、アヘン戦争以来中国が受けた国家的な恥辱、いわゆる「国恥」を国民に徹底的に教育し、愛国主義を植え付ける教育が行われている。その結果二〇〇八年の北京オリンピックの演出に見るような「中華民族の偉大な復興」「中国夢」が現在の中国の国家スローガンとなっている。鄧小平／江沢民時代に大胆に資本主義的政策を推し進め、共産主義を実質的に放棄した中国共産党に正統性を与えるのは今や、この国家スローガンのみであると言っても過言ではない(15)。

中国政府の主張も「国恥」と取られることにはきわめて非妥協的になって来た。「国恥」を二度と繰り返さないという愛国主義教育を受けた世代は中国を担う主要な世代となっていて、逆に中国共産党もこういう「民意」を無視できなくなっているようである。共産党指導部が一枚岩でない時には、「国恥」への対応が対外強硬策を生み出したり、指導権争いにからむ危険性もあると見られる。この状況は今後とも長期にわたり続くと考えておいた方がいい。

基本的に日中関係に革命的とも言える変革をもたらしたのは、鄧小平路線に従い、中国が経済発展を進展させたことであるのは間違いない。人口が日本の一〇倍を上回る中国のＧＮＰは既に日本を凌駕した。世界の目が一斉に中国市場に向けられ、中国の国際的な地位はロシアを抜いてアメリカに匹敵するようになった。大きな問題は日本がこの巨大な隣人にどう対処するかだけではなく、いずれ世界が中国とどう向き合うかであろう。分かれ目は中国側の世界政策の将来にある。中国が日本を米国との同盟関係から切り離し、影響力を強め、やがては支配しようとする政策をとる可能性も排除はされない。今の時点で予断を抱かせる材料は乏しいが、日本にとって死活的なことは、もしこういう路線を中国がとった場合の、米国の対応である。いたずらに悲観論を唱える気はないが、米国は必ずしも理性的に行動する国ではないから注意を要する。パーマーストン（英国首相、ヘンリー・Ｊ・テンプル・）が述べたと言われているようにに「共和制をとる諸国民または、大衆がその国の運命に影響を与え、あるいはそれを左右している諸国民の場合においては、彼らは利益によってよりも激情によって甚だしく興奮する。利益は善と悪の相対的な秤量《ひょうりょう》で、躊躇と疑惑がつきまとうのに対して、激情は直接その対象に向けられた一途の感情だからである。その上、激情は大衆を支配するが、利益の方は比較的に言えば少数者を動かすだけだからである」(16) 米国は振幅のきわめて激しい国であり、利益を度外視した感情論に走る危うさを持っている。

中国政府がポピュリズムに顧慮を払わねばならなくなっているかのように見受けられるのは、民意を無視できなくなった中国の民主主義の進展を物語るものではあるが、同時に最近の中国大衆感情の動向には懸念する要素も感じられる。外交は常に最悪の事態に備えて、手を打っておかねばならない。

既に中国はあらゆる機会に先の大戦で、中国と米国は同じ側に立って共通の目的のために戦ったという宣伝を展開している。中国は日本孤立化の遠大な計画を始めているのかもしれない。私は日本の正当な憲法の改正が、中国の画策によって、日本が「右傾化」し、歴史を逆行させる具体例と宣伝され、日米間の亀裂が深まる結果をもたらすことを警戒している。

日本の行動への諸国の正しい理解は、われわれが期待するほど安易に得られるものではない。不断の説明と言行一致の行動で築き上げていかねばならない。憲法改正という日本が抱える重大な懸案の実現に当たって、その目的が周辺諸国や世界各国にどのように受け取られるか日本は細心の注意を払わねばならない。世界における力関係が微妙に変化し、従来秩序が不安定になっている中での日本の行動には、あらゆる角度からその影響を考えておかねばならない。その意味では日本の戦後の行動の軌跡が平和、協調路線に徹していることは、日本外交の最大の資産である。七〇年にわたり外国で日本の手により一人だの人命が失われたことのないことや日本が途上国の発展に多大の貢献をして来たことは大いに誇ってよい。それだけにこの良好な日本のイメージを傷つけることのないように常に戒心する必要がある。

4　荒海の航海に乗り出す日本丸——罠に嵌らない警戒心が必要

二一世紀に入って世界に起こった変化が、米国の国力の相対的な低下と中国の目覚ましい台頭であることには誰も異論はないであろう。人口の規模から言って中国がこれまでのスピードではなくても、順調な経済成長を遂げれば、経済規模として米国をも凌駕することは時間の問題と言っていいだろう。経済力が軍事力に転化するのも必然であり、すでに中国は軍事強国を目指し、隣接海域のみでなく、太平洋に向けてその海軍力を展開する姿勢を見せている。米国の軍事力は卓越しており、経済力も強大で、特に技術開発の能力には端倪《たんげい》すべからざるものがある。両国の総合力が逆転するのはまだ相当先のことで、識者の中には、中国は永遠に米国に追いつけないとするものもいる。ただこの両国は未だに相手の動向を測りかねている所がある。

かつてレーガン大統領の下で米国が、ソ連の脅威に対して総力を挙げて対抗して、結果的には二〇年前にソ連が崩壊して勝負がついた。米国は中国の脅威が同様の深刻な脅威であるという認識には未だ到達していないように見受けられる。中国が国内に抱えるアキレス腱があまりにも多いからであろう。従って予期しない事件が起こらない限り、米国人の気質から言っても、伝統的な米中の良好な関係からしても、両国がかつての米ソ間の冷戦のような状況に陥るとは思えない。ただ両国がどのような形で「共存」に進めるかは予見できず、日本が地理的、経済的、政治的に両国の間で微妙な立場にあることは明白である。最も警戒しなければならないのは、中国が米国に対して先の戦争における同盟関係を強調しだしていることである。このことは中国指導者の言辞からも、米国西海岸において韓国と協同して慰安婦像の建設等の反日行動を顕在化させていることからも明らかである。

オバマ大統領は、二〇〇九年の第一期大統領就任演説で「先人たちが、ファシズムや共産主義を屈服させたのは……頼もしい同盟国と不屈の信念があったからである」と述べ、さらに二〇一三年の第二期大統領就任演説でも、繰り返して「アメリカ兵がマスケット銃や民兵集団でファシズムや共産主義とは対抗できなかったように、今この世界の（個人の自由を守るという）要求にアメリカ単独では応えられないのです」という彼の歴史認識を示している。これとの対比で、王毅《おうき》中国外交部長は二〇一四年の国連総会における一般演説で、「第二次世界大戦は日本の軍国主義者による侵略で、歴史の事実は既に明らかで、何が善で何が悪かの審判も出ている」と述べた上で、「来年は、反ファシズム戦争と中国人民の抗日戦争勝利から七〇年に当たる」と述べたことは記憶に止めておく必要がある。第二次大戦終了後の七〇周年を控えていることもあろうが、「ファシスト日本の打倒に米国と共に戦った中国」という歴史認識の意味するところには注意が肝要である。

世界情勢の変化は米国の相対的な地位の低下と中国の躍進に限られるものではない。イスラム世界は一寸先も判らない混迷状態に陥っている。イスラエルの建国が生み出した中東における不安定さは行く末も定かでなく、第一次大戦後の欧州列強の手により恣意的に引かれた国境線は脆弱である。今後この地域が、安定に向かうと見る根拠は乏しい。現状に不満を抱く勢力が増えれば、力に裏打ちされなければ「法の支配」は困難となる。既にイラク、シリア、サハラ以南のアフリカでは無法が拡大している。

経済的にも有限な資源を巡る国際的な葛藤が展開しているし、国際金融制度もきわめて脆弱である。貿易面でも自由無差別の原則は後退を続け、地域主義が広がっている。戦後米国の努力で築かれたブレトンウッズ体制は気息奄々《きそくえんえん》という状態である。日本が自由貿易体制からの最大の裨益《ひえき》国であったし、今後もあり続けるであろうことを考えると、事態は相当に深刻と言わねばならない。世界という海原は荒れ模様で、日本丸はその中を航海し始めているのである。

戦後七〇年にわたり日本が営々と築いた平和国家の好イメージと多くの国との友好関係、とりわけ熾烈な戦争を戦った後に生まれた奇跡とも言える日米同盟関係は維持されねばならないが、そのために日本は何をしなければならないかを慎重に見極めなければならない。最も重要なことは日本が現状に満足した国家であり、従来の路線を変更する意図がないことを明確にすることである。しかし、説明下手の日本にとり、憲法の改正がいささかでもこの日本の基本姿勢に変化をもたらすものでないことを関係諸国に理解させるのは、相当な難事である。

私が憲法の破棄は論外であるだけでなく、現行憲法の全面的な改定に慎重なのは、現実的な選択でないことがその理由であるが、元外交官として、厳しい国際環境の中で、日本がそういうことをすれば、日本の意図に誤解を生じさせる恐れなしとしないかと心配するからである。

復古主義者や国粋主義者には不満だろうが、私は現行憲法の先進性をそれなりに評価し、敗戦後の日本に国際的に承認される指針を示した役割を否定すべきではないと思っている。民主主義、基本的人権の尊重、平和主義はいずれも優れた価値基準であり、この根幹に変更を加える理由はない。おそらく象徴天皇制もこの七〇年の実践から日本の伝統とも背馳《はいち》しないし、国民的な支持があるので、変更を加えるのは不適当であろう。しかし時代の変遷とともに現行憲法がいくつかの点で維持できなくなり、事実上の憲法違反の黙認や解釈改憲という事態が生じているのは、現行憲法がいわば賞味期限切れになっている証左と思う。

占領下にできたいわば「お仕着せ憲法」である現行憲法が、一度も国民の審判に掛けられないまま長い時間が推移していることも、民主国家としての正統性の観点からも嘆かわしいことである。二一世紀の日本にとって何らかの形で戦後を総括して、今後とも続けるべき理念や価値を再確認し、同時に新しい方向付けもすることが必要である。このことが国際的な誤解を招かない最良の策であり、その方法としては現行憲法の前文を、まずそういうものとして改正することの意義は大きい。

危険な日本「右傾化」論

私がなぜ、現行憲法に国民意思確認の洗礼がなされていないことに強くこだわるかというと、厳しい世界の荒波の中に、日本のいわゆる「右傾化」への懸念があるからである。日本の「右傾化」の実体はきわめて曖昧である。日本の国内の左翼勢力から見て、日本の立ち位置の右への移動は「右傾化」となる。しかしそれが対外的に危険を伴う結果をもたらすものであるかを、周辺諸国や世界の行動と比べて観察しなければ、客観的な判断とは言えない。日本においては歴史的に左翼の言論は常に警戒心をかき立てる（アラーミスト）ものであり、サンフランシスコ講和会議への参加の反対から始まり今回の集団的自衛権の部分的容認の危険視に至るまで、観念的な平和論と感情論の色彩が濃い。徴兵制の復活や戦争必至という議論は短絡的で行き過ぎである。しかし「右傾化」説は海外にすぐに伝わり、言葉の独り歩きから国内左翼からの右傾化論は、海外の目からの客観的な「右傾化」論に転化する危険がある。この関連ではニューヨークタイムズ紙の日本担当者や論説陣にはジャーナリストとしての検証性が欠落しているとしか思えない論評が散見するのは、甚だ遺憾である。

「右傾化」論は、中国や韓国発の日本の戦前回帰批判と合体するとさらに別のものに変質する。特にもし一部の勢力が意図的に謀略を持って誇大化のための宣伝工作をする場合には侮り難い結果を招くことに留意しておく必要がある。戦後の日本は謀略を行う国ではない。そのために国際関係できわめて無邪気である。しかし「謀略の罠」を巡らす国もあることは知っておいた方がよい。心ある日本人は、東京裁判における「田中上奏文」、最近での「従軍慰安婦問題[17]」等いくつかの例からこの危険を知っているであろう。

私は「右傾化」論は日本が戦後体制の打破と「あの戦争」を正当化する意図ありとの懸念を世界に与えるスローガンとして、潜在的な危険があると思う。その宣伝が拡大しないように、芽のうちに未然に摘み取ることが絶対的に必要であると考える。政治家の国内向けの発言や行動も、充分な日本理解を持っていない外国には、不必要に拡大され誇張されたものとして受け取られるおそれがあるので気をつけてもらわないと困る。憲法改正という日本の国家としての大事が、何らかの謀略に晒されないという保証はない。既に現行憲法改正の動きを「立憲主義への挑戦」とか「戦前回帰」であると非難する論調が日本国内に現れていることにも注目すべきである。

私はまず新しい憲法前文の中で、こういう議論が生まれる余地がないように、日本の立場の明確化を行っておくことが重要と考える。日本国は立憲主義に基づいていて、日本国民の平和主義は筋金入りで、国民が平和主義を放棄する危険は皆無である。私が憲法改正に当たっては、まず前文の改正段階でこのことを世界に一片の疑念の起こる余地も残さないようにしてから、その他の点で国民世論の成熟した部分を段階的に改正するのが適当であると主張するのは、こういう考慮に基づいている。

（1）フランス革命後の一七九三年のいわゆる「ジロンド憲法」草案の権利宣言三三条
（2）西修著『日本国憲法はこうして生まれた』中公文庫、二〇〇〇年、一七二―三頁。そのケーディス自身が一九八四年に西氏とのインタビューで日本が憲法を一度も改正していないと聞いて驚いたというのも面白い。読売新聞政治部『基礎からわかる憲法改正論争』中公新書ラクレ、三一頁
（3）読売新聞政治部前掲書に分かりやすくまとめられている。
（4）辻村みよ子著『比較の中の改憲論』岩波新書、二〇一四年、一〇〇―一〇二頁
（5）二〇一四年九月二九日付産経新聞朝刊
（6）鈴木孝夫著『日本の感性が世界を変える――言語生態学的文明論』新潮選書、二〇一四年、一二〇―一五〇頁の東南アジア諸国指導者の証言参照。
（7）牧師の子として中国に生まれたこの人物については、寺島実郎著『ふたつのFortune』ダイヤモンド社、一九九三年、二五―三〇頁に詳しく述べられている。同書の末尾に特集号の内容も収録されている。
（8）太平洋戦争中の日本人観については、クリストファー・ソーン前掲書『太平洋戦争とは何だったのか』、一六九―一八六頁に詳しい。
（9）平川・鶴田共編『外国人の日本人像・日本人の外国人像　内なる壁』所載の古田島洋介著『中国人の日本人像』および上垣外憲一著『韓国文学に見る日本人像』参照
（10）一七一九年四月から翌年一月にかけて、五〇〇名近い朝鮮の通信使に書記として同行、訪日した申維翰が書いた『海游録』に収められている「日本聞見雑録」を読むと、当時の朝鮮人の日本観が行間に溢れていて興味深い。豊臣秀吉の朝鮮出兵への憎悪の深さに驚くが、同時に日本が科挙の制度もなく、儒学者が登用されていないと儒教世界の中の異端性を垣間見ることができる。『海游録』申維翰著、姜在彦訳、平凡社、東洋文庫二五二、一九七四年

(11) 金泳三政権は、日本が韓民族の精気を抹殺するために全国の名山に鉄杭を打ち込み地脈を断ったとして、政府事業として、日本統治下に埋められたさまざまな鉄製の杭を除去した。黒田勝弘著『韓国人の歴史観』文芸春秋社、一九九九年、一二五―一三三頁

(12) 神話における類似性については萩野貞樹著『歪められた日本神話』PHP出版、二〇〇四年、三七―四五頁参照

(13) 日本首相の靖国神社参拝は中国により日本が戦争を美化し、歴史を逆行させる意図を有する象徴的事例とされた。日本国内の「あの戦争」への態度にはアンビバレントな不明瞭さがあり、当然のこととして日本国内にも参拝について異論もある。中国の意向を顧慮すべきとする意見もある。中国はこの問題を意図的に外交上のカードに使ったが結果はマチマチである。中曽根首相は時の中国指導部を窮地に追い込まないように自制し、小泉首相は中国側の反発をまったく無視した。参拝が逆に日本側のカードに転嫁する可能性もあるので、しだいに問題は鎮静化することが期待される。

(14) 東・東南アジア地球科学計画調整委員会（ＣＣＯＰ）は一九六六年に設立され、当初の活動は東・東南アジアの沿岸海底に石油や岩屑性の鉱物（detrital minerals）資源の探査活動を行っていた。「そもそも東シナ海の大陸棚の石油ポテンシャルを予想し、熱心に調査を日本政府に勧めたのは東京水産大学の新野弘教授であったが、その要望が受け入れられなかったところから、米国ウッズホール海洋研究所のＫ・Ｏ・エメリー博士と共同で、米海軍海洋研究部の支援の下にＥＣＡＦＥ（現ＥＳＣＡＰ）のプロジェクトとし、一九六八年にハント号を使用して黄海・東シナ海の海象並びに地磁気等の調査を行った。その結果石油資源の潜在ポテンシャルが高いと報告された」（独立行政法人　石油天然ガス・金属鉱物資源機構（ＪＯＧＭＥＣ）石油・天然ガス用語辞典より引用）

(15) 中国育ちの気鋭の在米国際政治学者ワン・ジョンは、中国の歴史認識が中国共産党の正統性の維持のために徹底的に行われている愛国主義教育により作り出されていることを克明に検証している。一九九二年にはこの政策に基づく新しい教科書が作られ、一九九

五年には全国一〇〇カ所に上る愛国主義教育基地が設けられ、観光名所化している。ワン・ジョン著、伊藤真訳、『中国の歴史認識はどう作られたのか』（原題 *Never Forget National Humiliation*）、東洋経済新報社、二〇一四年

（16）岡義武著『国際政治史』岩波全書、一九五五年、一九六―七頁

（17）誰がどのように仕組んだがよくわからないが「慰安婦問題」は日本を国際的に確実に貶めた。「あの戦争」中に多くの慰安婦が戦地に存在したことは事実であるが、日本の公権力による強制連行の事実はほとんど立証されていない。インドネシアにおけるオランダ女性の不幸なケースはきわめて例外的で、戦後関係者が厳しく処罰されている。日本国内のリベラルと言われる大新聞の長年にわたる誤報の広報と内外の諸勢力との間の連携によって、「二〇万人の非日本人女性が、強制的に連行されて日本軍兵士の性奴隷とされた」というイメージが築き上げられたことは、日本外交の大失敗である。特にクマラスワミ報告が出ることを阻止できなかったことには外務省は責任があると思う。日本では秦郁彦、西岡力等の努力や西岡氏の著作『よくわかる慰安婦問題』（草思社文庫、二〇一二年）などでこのイメージが事実に反することは明らかにされて来ているが、日本の国際的な評判は大いに傷ついたままである。遅まきながら日本政府は国際的な検証作業により真相を明らかにする努力に傾注しなければいけない。それにしても日本は謀略的な攻撃に弱いと悲しくなる。

第四章　何を新前文に書くのか

新しい前文には、今後相当期間にわたり日本人が信奉する基本理念と日本を導く指針が示されなければならない。抽象的な議論に終始しないように、私は私なりに考えて、具体的な一案を作り、この章の末尾に附記した。もとより私はこの試案が最善であるというような思い上がった気持ちは持っていない。しかし、どのような前文を念頭に私が議論しているのかについての具体的なイメージが湧かないと、私の主張が読者の皆さまになかなか理解できないかもしれないと思ったので、あえて厚かましい試案を書いてみたしだいである。私の強い希望は新しい憲法前文を作り上げる作業は、国民的な共同作業として行われるべきであるというにある。

今までの議論を踏まえて、私がどうしても欠かせないと考えたのは次の五点であった。第一に日本の伝統や文化への言及、第二は主権在民、民主主義、基本的人権という一連の重要な政治原則の確認、第三は地球社会の中の日本という視点、第四に世界の文化の間の平等性、いわゆる文化多元主義、そして最後に平和の至高性と国際協調の五点である。以下にこれらの五点について具体的に説明したい。

1　日本の伝統・文化――現憲法に欠落している「日本性」

現行憲法の前文には、「日本性」が完全に欠落している。前文が日本人だけでなく、広く世界に「日本のかたち」を示す観点からは重大な欠落である。「日本とは何か」を学問的に究めようとすれば議論百出になることは間違いない。幸い前文はそう長いものではないから、私は大多数の日本人が違和感を覚えない、最大公約数のような日本の姿で充分と思う。

「日本とは何か」を確認するためによく行われる方法は、日本の過去に遡って答えを探すことである。私たちはしばしば、古くは聖徳太子の憲法、武家社会の式目などに「日本のかたち」を探す。戦争中に大和心を散り際が見事な桜の花に譬《たと》えたのや、最近倫理教育に関連して戦前の教育勅語の精神を復活させようという考えも、これに似ていると思う。しかし私は過去の特定の文書に安易に日本のかたちや心を求めるのは間違いだと考える。それでは「日本のかたちや心」をどこに求めればよいのだろうか。私は何も難しく考えて過去に範を求めなくても、現在の日本人が公然と、または暗黙に受け入れている価値観が何であるかを探り、さらに理想とする価値観についても思いを巡らせることにより、日本の姿と考えられるものは、自然に浮かび上がって来ると思う。

個性的な日本の自然環境と共生の思想

広く世界を見ると日本の自然環境はきわめて個性的であることに気づく。とりわけ気候の点で、春夏秋冬の四季が際立っていることと、風土の面で、山と海と平野の変化に富むことでは、世界に似たような地域はほとんどないと言っても過言ではないだろう。世界全体を見れば大海原、大平原、極寒の荒野、灼熱の砂漠、峨々たる山並など地球は変化に富むが、限られた地域に日本ほどの変化のある国は、あえて言えばニュージーランドぐらいであろうか。しかも日本の場合、気候も風土も苛烈ではなく、どちらかといえば優しいと言える。反面火山の噴火、地震、津波、台風などの天変地異と日常向き合っていることも、世界であまり他に例を見ないのではないだろうか。

この風土が日本人の性格形成に大きな影響を与えたのは明らかである。私は日本人の花鳥風月を愛《め》でる心は、こういう日本の自然環境から生まれたもので、優れて個性的なものと考えている。四季の感覚と自然との親しみは、日本人の日常生活や文化生活に深く根を下ろしている。外国に暮らす多くの日本人が、日本に帰ったら最初にしたいと思うことの一つに、露天風呂にゆっくり身を沈めて寛ぎたいというのがある。あの安らぎは日本の緑豊かな自然の中の露天風呂でなければどうしても味わえない。また日本人は都会に住んでいても、春は桜の花の下で飲み歌い、秋は庭や山の紅葉を愛でる。和歌や俳句の類いは四季の移り変わりがなければ成立しない。季語という感覚は世界のどの言語にもないものである。いまでもお遍路の旅をするものも少なくないが、これも自然の中で精神的に高められた生活を味わおうという日本人の伝統に根ざした知恵と言えよう。

日本の自然は人に優しいだけではない。有史以前から二〇一一年の東日本大震災・大津波に至るまで、地震、津波、火山の噴火、旱魃《かんばつ》等日本列島には大きな自然災害が継続して起きている。日本人は自然に逆らったり、支配しようとしても益がないことを皮膚感覚で知っている。おそらくモンスーン地帯で農業が自然との協働作業であるからでもあろう。自然災害は日本人の心に無常観を植え付け、「足ることを知る」とか運命を受け入れる人生観を生んだといってよいだろう。都市化や近代化の波に飲み込まれ、われわれの日常はこういう伝統を忘れつつあるとはいえ、他の国民と比較した場合、この日本人の精神的な特性は際立っていると思う。ユダヤ・キリスト教の教義によれば、造物主に創られた人間は至高の生物として他の生物を支配することが許されている。欧米文明は森を切り開き、野生動物を狩り尽くして自然を支配する。自らを自然の一部と考え、自然と共生することが望ましいとする日本人の考え方はユニークであると思う。

自然と切り離せないことと並んで、日本の伝統文化は日本人の生活と密着していることに特色がある。茶道、華道、和歌、俳句、盆栽は言うに及ばず、芸術の域に達する食文化、陶芸、染色など多くの日本人が親しんでいる文化は、美術館やコンサート・ホールといった特殊な場で見聞するものではない。これらの生活文化は個々の家の中や親しい仲間との寛ぎの中で息づいているものである。

勤勉と自助の精神

私は日本人は自助努力を大変に尊ぶ国民であると高く評価している。最大限努力することにより、他人の助けなしに各々自立するべきである、というのが日本人に広く共通する価値観のように思う。だから日本人は基本的に勤勉である。勤勉さが報われる仕組みを崩壊させてはならない。一流大学卒業免状でその後の人生が楽に暮らせるということを許してはならない。

日本人は人を励ます時によく「頑張れ」という。この日本語にぴったりする語感の言葉は外国語には見当たらないようだ。ニューヨークに滞在していた時にマラソンを観ていて、アメリカ人がランナーを励ますときに何と言うか興味があった。その時群衆の中から聞こえてきたのは「ルッキング・グッド」という励ましの言葉であった。ランナーに対し、「お前はまだまだ大丈夫に見えるよ、だから走りなさい」というような語感であろうか。頑張れというより合理的な気がした。しかし私には「頑張れ」という日本人の励ましの言葉は、この自助努力の哲学と表裏一体をなすように見える。だから大変に日本的な言葉なのである。

自助努力と言えば、明治政府がいわゆるお雇い外国人に高給を払って迎え入れ、技術を学んだことが思い出される。日露戦争も外債を発行して借金で戦った。現代では開発途上国は先進国から援助を受けるのは当然と考えている。植民地としての搾取を清算するという要素もあるだろうが、外務省で援助問題を担当していて、私はしばしば明治の日本と今の開発途上国はずいぶん違うなと感じた。だから日本は援助政策において、開発途上国に対し強く自助努力を求める態度をとっている。日本は自分の経験や信念から、自助努力なしにはいかなる国も発展することはできないと信じているのである。

自助の精神に立つと、天然資源に乏しい日本は、人的資源の開発を重視するということになる。日本の優れた人的資源は、教育重視の長い歴史が生んだ産物である。江戸時代には寺が教育の場を提供したばかりでなく、主要な藩はこぞって藩校を建て教育を振興した。明治政府が最も力を入れたことの一つは、義務教育の徹底であった。現在日本の教育についてはさまざまな問題が指摘されるようになっている。国語教育をとっても、英語教育をとっても、また科学教育についても、改善の必要性が叫ばれている。このことは日本人が教育を社会の基本に据えている証左である。日本人は将来にわたっても教育熱心であり続けるだろう。

私は日本のモノ作りの伝統も、資源の有限性から生まれていると思う。地下に眠る化石エネルギーで立国している国に比べれば、容易にこのことは理解される。日本人は歴史的に、高い教育のもたらす高い生産性を重視して来たのである。限られた資源で高い生産性を上げるためには、技術が尊ばれ、良いモノ作りが重視された。縄文の時代から現代に至るまで、日本人はより良いものを作ることに努力を傾注したように見える。職人気質もこのような流れの中で生まれた。

江戸時代の経済の仕組みは驚くほど循環型であったと言われる。江戸の町は完全循環型で、モノを売る人よりも買う人の方が多かったと聞く。抜け落ちた毛髪、端切れ、ローソクの燃えかす、古着、灰から下肥まであらゆるものが回収されて再利用されていた。また下駄や雪駄、キセル、かまど、鍋や釜の修理屋が町を巡り歩いていたそうである[1]。森林の保全が海産物の豊漁に結びつくこともよく意識されていた。日本では自然は征服し、改造する対象というよりも、恵み深いものであり、愛すべきものであった。少なくとも欧米化が進み、日本が豊かになるにつれて、日本人が資源浪費的になるまでは、日本人は自然を保全し、自然と共生することの大切さを理解していた。

世界規模の交易により、経済空間が広がった現在の日本では、不幸なことに資源の有限性の意識は希薄になっている。信じられない規模で資源が浪費され、自然環境の破壊も進んでいる。多くの日本人は二〇一一年の東日本大震災を資源浪費への警鐘と受け止めた。これからの日本人はこの消費文明のもたらした堕落を続けるべきではない。むしろ新憲法の理念の探究の機会に、国民的な論議を尽くして、資源節約の伝統を復活させるべきではないだろうか。

和の尊重

このような日本の伝統や文化は個性的であるが、そこには世界にも一般的に理解できる普遍的な要素がある。省資源、自然との共生、和の尊重、教育重視という日本的な価値観は、いずれも空間と資源の有限性から派生した生活の知恵である。これは常にフロンティアを求め続けるアメリカ的な価値観とは明らかに本質的に異なる。皆で未来永劫にこの地に住み続けなければならないという前提では、乏しい資源は有効に使わなければならないし、不必要な争いはできる限り避けなければならない。「和」が尊ばれるのもそのためであろう。地球が過密化し、国際的に資源の有限性が叫ばれるようになってきている。空間や資源の有限性の経験に立脚した日本人の持つ伝統的な価値観の中には普遍性を持つものがあることが判る。日本人のこの分野での、ある意味では世界に先駆けた経験が、世界にも意味を持つ時代が来るかもしれない。

「和」については論ずべきことが多い。伝統的に日本人は和を保つためには、言うべきことを言わない、つまり「言挙げ」しないのをよしとしてきた。しかし権利意識の深まりから、社会は泣き寝入りしない方向へ進んでいる。セクハラへの意識の変化や情報開示を求める流れは、言いたいことも言わせないで和を保つというやり方を不可能にしている。日本社会は他国と比較すれば、平等度が高いが、格差はしだいに拡大している。自己主張することは決して悪いことではないが、はたして日本人は将来も社会の「和」を保つことができるだろうか。そうだとすれば何によって和が保たれるのだろうか。

日本人は個人よりも集団の利益をより大切にする集団主義の国民であると言われる。戦前の一時期は「一億一心」というスローガンで個人から自由が奪い去られた。戦前の全否定の立場から制定された現行憲法の下では、対照的に個人の権利の尊重に比重が置かれている。そのためもあって、法律を犯さなければ何でも自由にできるという錯覚が生まれて来ているようである。無制限に近い自由が、しだいに道徳や倫理の領域を蚕食し続け、現在の日本では若者に人を殺してはいけないという絶対最低水準の道徳規範を教えることすら必要になってきた。

法律の役割だけでは社会に和を保つという課題は解決できない気がする。もちろん日本は法治国家であるから、まずは法律により対立を解決する訳である。しかし、社会が乱れに乱れ、牢獄が一杯になれば牢獄を建て増して対処するにしても、限界があろう。経済面でも、格差を是正するために、累進的な税制で、健康保険制度、医療制度、公的年金制度を拡充し、社会的な安全網を完備する必要がある。しかし社会の和は最終的には、倫理的な規範により裏打ちされなければ安定的でない。

ヨーロッパ旧教国やイスラム文化圏の社会のように宗教が強く機能していれば、倫理的な規範の順守にはそう大きな問題はないであろう。残念ながら日本では神道も含め宗教の力が弱い。日本の神や「カミガミ」は不信心者を罰する厳しい存在ではない。仏教の「因果応報」とか「お天道さまが見ている」とか、「天網恢々疎にして漏らさず」等という考えで、自己規律が確保される保証は乏しいようである。

伝統的に日本人は他者との関係の中に抑制の根拠を見出してきた。しかし、かつて日本人の義務感の原動力であった「忠」、「孝」、「義理」とか「人情」は今や強い力を持っていない。未だによく使われる言葉は「恩返し」で、多くの献身的な行動が恩返しと説明される。戦前倫理の中で今も残っているのは「恩」を受けたら返すという精神だけだろうか。親が子を、若者が親を簡単に殺す時代である。日本はどちらかというと仏教の教義もあり、性善説のようであるが、今や人の性もそう善ではないようである。物質万能の社会になればなるほど、道徳の力は弱くなる。「世間体」を気にする人も少なくなっているようだ。どう見ても日本人が昔のような精神的な倫理観を取り戻すことには悲観的にならざるをえない。

一条の光が差したかのように見えるのは、東日本大震災の時に日本人が示した、助け合いの精神である。黙々と試練に耐える日本人の姿は心を打つものであり、また若いボランティアが現地に駆けつける姿は感動的であった。伝統的な相互扶助の精神や自助を旨として運命に耐える精神性は未だに健在のようである。いたずらに悲観するのではなく、前を向いてどうしたら日本社会の靭帯を強めることができるか、真剣に議論してみる必要を感じる。だから私は新しい憲法の前文において、日本の姿として「和」の尊重に言及することが大事であると思う。

われわれの憲法の前文で日本の伝統や文化について言及すべきであるとの私の主張については異論もあろう。日本社会にはすでに日本文化とは無縁な外来の構成員もいるし、将来の問題

東日本大震災の大津波に襲われた陸前高田市、2011年３月13日

としては、日本は日本語を話さず、日本文化も理解しない帰化した国民も受け入れるべきであるから、日本文化を日本国民の要件とするような考え方は、民族主義的でむしろ固陋《ころう》であるとの批判もあるかもしれない。

私はこのような考えにも一理あり、これを一概に否定するものではない。しかし、現在の世界のさまざまな国の状況や日本人の意識を前提にすると、このようなコスモポリタンな考えは現実離れし過ぎていて、遠い将来のことは別にしても、二一世紀の憲法としては進みすぎていると考える。

一九九二年にフランスはその憲法に「共和国の言語はフランス語である」と明確に規定した。まだまだ世界はさまざまな文化を誇る国のモザイク模様なのである。いろいろな国がそれぞれ固有のアイデンティティを持つというのが普通の考えであると思う。

2　主権在民、民主主義、人権の尊重――和と民主主義が日本を走らす車の両輪

日本の歴史の中で現行憲法のよって立つ人権尊重・主権在民という思想は新しいものであったが、七〇年を経て日本にしっかりと根を下ろし、定着したと言ってよいであろう。私は日本の伝統の中で「和」の尊重は、将来にわたっても、日本人にとり重要なものであると述べた。和と民主主義は日本を走らす車の両輪である。国民の知識、判断の水準が高くなった日本のような社会では、民主主義がなければ和は達成できない。反面日本においてどのような民主主義が国民の支持を得られるかを考えると、そこには日本的な和の思想を無視できない。

和と民主主義を支えるのは情報の共有と開かれた言論である。皆が一致するためには、皆が情報を共有し合うこと、議論が戦わされることが必要であるからである。聖徳太子も「和をもって貴しと為す」と述べた後に、人には徒党があるので主君や父親にも従わないことがあるけれども、上に立つものが協調的に物事を処理しようとし、下のものも睦まじい態度を維持しながら議論を進めれば、自ずから物事の理が皆に通じるものであるから、このようにすればできないことはないという趣旨をのべていることに注目すべきである。また慶応四年の明治政府の政権綱領ともいうべき五箇条の御誓文にも、第一に「広ク会議ヲ興シ、万機公論ニ決スベシ」とあり、ただ権威に盲従することを求めるのでなく、公平な論議の末に決定をすれば政治はうまく行くとの考えに立っていることが判る。

私は日本の政治決定の伝統は、密室のなかでの一部の権力者の間の謀議で事をすますのでな

く、広い公の議論の末に政治を行うべきであるというにあると思う。明治以降政治決定のための制度として、議会制度が発達し、日本ではいまや成人男女が一票を有する完全な民主主義が確立している。政治制度の技術的な手直しはあっても、将来の日本人が民主主義を手放すことは考えられないことである。

しかし民主主義といっても国によって制度的にも実体的にも千差万別であり、また時代とともに運用が微妙に変化していることはあまり理解されていない。

日本同様の議会制の民主主義である英国では、二〇世紀に入り、下院の優位が確立した。ダグラス・ヒューム（元首相、アレクサンダー、伯爵位を返上し、退任後一代限りの男爵に任じられた）のように貴族の地位を捨てて選挙によって選ばれて指導者になるケースもあった。基本的に総選挙において五一％の支持が二大政党の何れかに与えられれば、下院が解散されないかぎり、その政党の領袖《りょうしゅう》がその考えに従い政治を行う。つまり英国の民主主義は指導者を選び、その指導者に政治を委ねることを基本にしている。伝統的に保守党、労働党のいずれかの候補者を選挙のたびごとに引き続き当選させてきた選挙区の他に、選挙ごとに支持政党を変える一群の「揺れ動く選挙区」が存在したという偶然が、政権の交代をもたらし、英国の議会制民主主義を機能させてきた。その英国でも民意の多様化や地域の自治要求の増大で、二大政党の対立だけでは民意が吸収できなくなっているようである。欧州連合からの脱退というシングル・イシューを掲げる政党が現れたり、スコットランドの分離傾向が現れたりで、これまでのウエストミンスターの政治は変わりつつあるように見える。しかし英国人が「最悪の制度であるが、他のいずれの制度よりもましだ」とする議会制民主主義そのものを放棄することはまったく考えられない。

複雑な間接選挙の仕組みで選挙民が大統領を選ぶ米国では、民主、共和の二大政党の綱領には実質的にほとんど差はなく、四年ごとの大統領選挙は政治への国民参加のお祭りのようなものである。大統領が変わると行政府の上の方がごっそり入れ替わることで、政治の水が澱み、既得権益が恒常化し、政治と官僚機構や利益集団の関係が固定化しない歯止めになっている。

二〇世紀最後となる二〇〇〇年の米国の大統領選挙は歴史上例がない大接戦だった。総投票数で民主党のゴア候補がわずかながら過半を制したが、選挙人の数では共和党のブッシュ（息子）候補が際どい小差で勝利を収め、第四三代の米国大統領になった。ブッシュの勝利をもたらしたのは二五人の選挙人を選出するフロリダ州で、わずか数百票の小差で共和党への支持が民主党への支持を上回ったからである。しかしわずか数百票の票が明暗を分けても、新大統領は道義上の理由で弾劾裁判で排除されるというきわめて稀な場合をのぞいては、不人気になっても四年間は行政府の長として、その職に留まれるのである。

英国や米国の仕組みが、基本的に選挙とは指導者を選ぶもので、過半数を取った指導者に政治を委ねるという政治風土の下に機能していることは明白である。これに対し日本では指導者を選ぶという観念が稀薄で、国会で過半数を持つ政権にすら、思いどおりには振る舞わせない。「多数の横暴」という奇妙な論理が通用し、メディアが煽り立て、国民もそうだそうだと同調する。これは日本人が過半数のための政治ではなく、コンセンサスつまり八五％以上、おそらく九〇％以上の国民が「まあそんなところだろう」と思う政治を期待しているからであると思う。割を食いすぎると思うものが社会の一五％以上になれば、社会の和を欠く結果を招来したとして、指導者は退けられるのである。しかし日本でもしだいに政治の指導性が重要であると認識され、欧米型に近づいている。

日本は長く特異な中選挙区制をとってきた。強い指導者は嫌われ、既得権益への資源配分と言われようが、次官会議や自民党総務会ですべて決まると揶揄されようが、九〇％の国民の満足をはかることが可能であった時代には、調整型の首相がよいとされた。その結果官僚支配の傾向が一層強くなったと思う。国民は政治家より、ベスト・アンド・ブライテストと見られた官僚を信用した。

しかし、日本でもしだいに政治的指導力のある首相の下での安定した政治が求められるようになった。長い議論の末に九〇年代に、中選挙区制から少数政党に配慮して比例代表も加味した小選挙区制が導入された。日本の国会における政党の色分けはしだいに変わって来たが、比例代表制度が併用されているので少数政党の淘汰は進んでいない。九〇年代以降の長い政治の混迷期に、首相の在任期間がきわめて短命となり、二五年間に一六人の首相が生まれた。政治の指導力が極端に低下した。若干酷な言い方であるが、特に民主党政権下の三年にわたり国政が異常な停滞を招き、国民は二日酔いの気持ちで今は自民党政権の下での一種の「旧制復古」に安心感を見出しているといってよいであろう。安倍首相が野党の意表をついて行った二〇一四年一二月の総選挙で、国民が自公政権の継続を強く支持したのは、代案を示せない野党よりも、安倍首相の明確な指導力を発揮する政治を行う姿勢が評価された結果であろう。基本的には日本の民主政治は強い首相の指導力を求める過渡期にあると思う。問題は野党の側にもある。野党が速やかに体制を立て直して安倍政治への代案を作らないままに、現在のような「一強多弱」状況が続くことは好ましくない。はたして強い実行力のある首相が四年の任期を務めた後に、強力な野党勢力との間に、次の総選挙が戦われるようになるかは、残念ながら、現在の時点では何とも言えない。

「和」を重んじる日本人は、コンセンサスに基づく政治を求めていて、欧米流の二大政党が対峙し、五一％の支持で政権交代のジグザグを繰り返すやり方には抵抗感を持っているようである。だが、多くの政党は真の意味で国民政党でなく、特定利益の代弁に傾く。中小政党が連立に加わるのは、自己の政治基盤の階層に具体的な利益をもたらすことを念頭にしているようだ。部分利益の代弁者が連立に組み込まれるようになると、組織されていない選挙民の利益は無視されてしまう。典型的な例が都市のホワイトカラー階層である。現在日本の膨大な数の都市有権者の目には、自分たちの期待に応える政党が存在しないと映っている。都市部における無党派層の拡大はここに由来する。

日本は日本の風土に合った民主政治のあり方を模索し続けなければならないのであろう。試行錯誤が続いているが、これまでに日本の民主主義の将来にとり、建設的な変化があったとすれば、官僚に対する政治の優位を国民が支持するようになっていることであろう。また五五年体制の崩壊後、現在に至るまで長い政治の混迷期が続いているが、その間に共産党を除くすべての主要政党が政権につくという経験をした。選挙民もスローガンに踊らされる危険を味わい、民主主義がポピュリズムに堕落する危険も経験した。高くついた試行錯誤の経験であったが、国民の政治意識は一層前進したと考えられる。今は政党の側に一層の変化が期待される時期に入っているのであろう。

主権が国民に存することと国民が基本的な人権をもつことは、今後とも日本にとり当然の前提であり、その下で民主主義が行われなくてはならない。そして日本の民主主義は引き続き社会各層の利益をできる限り公平に実現するように、和を重んじたものであって欲しい。私は新しい憲法の前文においては、これらの基本的な考えを明確にするべきであると思う。この基本を体して、具体的な制度や運用をどうするかは、国会での議論を尽くして、そのときどきの国民が、決めていけばいいのである。

3　地球社会の中の日本、相互依存の認識——主権国家で覆われた地球

二〇世紀には英、仏、ソ連などすべての帝国が崩壊し、植民地や衛星国が独立を達成した。その結果、地球は主権を持つ国家で覆い尽くされて二一世紀を迎えることとなった。これは人類史上初めてのことである。だがここに至る過程で、二つの世界大戦を含む数多くの戦争が戦われ、二〇世紀は人類の歴史上比類のない規模で、殺し合いが行われた悲しむべき世紀でもあった。日本人も多くが非命に倒れ、また日本人の手によって他国の民もその生命、財産を奪われた。

第一次大戦後には、平和と国際協力の全世界的な機構として、国際連盟が、また第二次大戦後には国際連合が生まれた。しかし世界国家ができる見通しはまったく立たない。核兵器のような巨大な破壊力を持つ兵器ができたために、皮肉にも結果的に人類は核戦争を戦うほど愚かではないだろうという、一縷《いちる》の希望が生まれてはいる。当面軍事戦略の分野では、対立する二つの核兵器保有国が、先制攻撃をしても相手の核兵器を破壊し尽くせず、確実に反撃されて自国も核の攻撃で大打撃を受けるといういわゆる相互確証破壊（ＭＡＤ）が、平和を維持している。このようなダモクレスの剣の下の均衡は安定したものではなく、核保有国の数もしだいに増加している。誰でもマニュアルで核兵器を作れると言われる時代になり、核兵器が絶対に使用されないという保証はどこにもない。

しかし、現実には核、非核の軍事力が大規模に行使される形の戦争の可能性は後退し、非正規軍事力同士の抗争とかテロが大きな脅威となっている。二〇〇一年の米国における同時多発テロ事件以来、「テロとの戦い」が各地で行われている。人種や種族、さらには宗教が絡み、経済利益を巡る抗争でもないテロや部族間抗争が頻発している。どうしたらこの種の暴力が収束するのかについては、国際政治学者や軍事専門家の間にいまだ処方箋らしいものすら生まれていない。

国家間の抗争については、長期的な局面打開の道は、諸国民が経済的に相互依存の関係にあることを受け入れ、軍事的な抗争をしなくなることしかない。この関連では、多くの日本企業を含む世界企業の活動の結果、生産面では既に信じられないほどの相互依存が実現している。

工業製品の国籍はまったく分からなくなっている。食品ですら国籍不明になりつつある。タイで大水害が起こると日本の企業のみならず他国の企業の生産が、世界の各地で停滞する。米国企業の本社が倒産すれば世界各地の子会社は売りに出される運命を辿る。日本経済が崩壊すれば米国といえども大打撃を受けるであろう。各国の異なる経済制度についても、世界規模での画一化を図らなければ円滑な経済の発展は期待できなくなっている。TPP交渉で、内政干渉まがいの注文が交渉参加国から出て来るのは理由のないことではない。

相互依存が深まれば一方的な措置はとれなくなる。そもそも貿易関係は一方が得をすれば、他方が損をするゼロ・サム・ゲームではない。相互依存が深まれば、皆が利益を受けるプラス・サムの関係を発展させることができる。世界には依然として、米国のように自国のみで存在できると信じたい国もある。こういう国は相互依存も依存の一種であるからとして受け入れない。誰にも依存していないと考える国は、一方的に自己の主張を、その国に経済的に依存する相手に押し付ける危険を孕む。米国、中国、欧州連合のように巨大な国内市場を持つ経済主体はその制度を相手にも強制できると考えがちである。米国がともすると米国の法律を他国にも域外適用する誘惑に駆られるのは、いまだ実感をもって経済的な相互依存を受け入れていないからであると思う。

国際金融面では、世界的な規模の標準が支配的になっていて、すでに米国をも巻き込んだ高度の相互依存性が生まれている。依然として存在する経済国境間の金融調整は、為替レートと金利によってなされている。カネには色がついていないし、コンピューターのキー操作だけで数兆ドルの規模のカネが一瞬に世界中を動き回る。麻薬関連やテロ関連の危険な資金をコントロールするためには、国家のレベルを超えた規制を必要とする。

為替リスクの心配や英語ができないことから、日本人は巨大な金融資産をほとんど海外に投資していない。しかし、かつての金融大国英国の年金生活者が、五％の金利つきの中国における鉄道建設国債に争って投資したように、今後は年金基金を含めて、日本人もしだいに老金融大国のように行動するようになるであろう。この際に伴うリスクは日本だけではコントロールできない。国境を越えた強力な協力関係が必要である。

経済的相互依存性の認識が世界の規範になることは、日本のような外国への経済依存度の高い国にとっては好ましいことである。ただ相互依存は相互譲歩によって初めて維持されることを忘れてはならない。ある規範から利益を受ける国は、まず率先してその規範を受け入れることが賢明である。まず日本が国際貿易のルールを順守し、他国にもそうすることを求めるのが順序である。一方的に日本の都合ばかりを言い立てることは許されない。経済主権は相互主義に基づいて制限されていることをよく認識しないと、自分の首を絞める結果となる危険がある。

モノの移動に比べると人の移動には国境の果たす役割が残っている。それでも世界の多くの国では、移民を無視しては経済が成り立たないし、すでに欧州連合のように域内諸国間の人の移動の自由を、規範として受け入れる傾向もある。少子化傾向の日本についても、デフレ脱却が進み、そこそこの経済成長軌道に戻れば、人手不足が起きる。日本では女性の就業が限定的で、定年年齢も低い。女性と六〇代、七〇代の退職者を活用する余地は大きい。しかし、特殊技能を持つもの、介護分野で働くもの、建設業等に関しては、今後外国人の就業機会は増大するであろう。常識的にみて日本は二一世紀が進むにつれて、外国から相当数の人口の継続的な流入を必要としよう。国連の一統計が推定するような年間五〇万人を超えるような大きな規模ではないにしろ、年に数千人というような半端な数ではないと思われる。外国人を日本国内にどのように上手く包摂することができるかについて、日本はその英知を問われている。日本人にとり憲法改正がこの問題を真剣に議論する機会を提供することを望む。

　情報の移動については、情報手段の画期的な発達もあり、その量が圧倒的に増大するとともに、国境の壁が低くなった。その結果世界で多くの革命を起こした。超大国ソ連を崩壊させたのは、軍事力ではなく、欧州安全保障協力機構（ＯＳＣＥ）が一九七五年に採択したヘルシンキ最終取り決めの第三バスケット[2]と呼ばれた人道協力についての国際合意であった。この大きな流れが二〇年を経てゴルバチョフによるペレストロイカ（改革）とグラスノスチ（情報公開）に結びつき、結果的に硬直したソ連を解体に導いたのである。イラン革命はホメイニの肉声でシャーを打倒するよう呼びかけた録音テープで実現した。「アラブの春」革命はインターネットを通じた大衆動員が原動力となった。中国のように外部から流入した情報で自国の体制が危険に晒されることを恐れる国はインターネット空間にも国境を作るべく懸命の努力を行っている。

　有史以来日本の社会において情報の伝達はきわめて早かった。弥生時代に稲作技術が急速に全国に伝播したのは驚異的であるし、戦国時代には速やかな情報が武将の死命を制した。歴史的に識字率が高かったことや、新奇なことへの好奇心も強く、江戸の町では庶民階級でも瓦版が情報伝達に大きな役割を果たした。戦後の日本社会の情報化の進展は目覚ましい。伝統的に情報社会である日本は、情報の移動を拡大する方向の国際的な協力を推進すべきであろう。

日本人はどちらかというと制度作りは苦手のようである。中国大陸の制度や欧米の制度を借りて、日本に都合のよいように手直しして取り入れるというのがお家芸である。古《いにしえ》のローマ人や現代のアングロ・サクソンのように機敏に制度改革をするのは好きでないし、得意でもない。しかし外部で決めた制度、基準を勝手に押し付けられるのも困ると考える。貿易・経済交渉は国益のぶつかり合いであるから、タフな交渉はしなければならない。しかし、ある時点では妥協をしなければならない。日本だけでなく交渉相手も同様である。しかし所詮購買力は大きな力であるから、巨大な市場を有する米国、中国、欧州連合は有利になる。過去日本は国内に大マーケットという交渉力の基盤を持たず、世界市場に依存しているにもかかわらず、縦割り行政の弊害もあり、国内の権益に左右され、大局から見て些事とも言えるレモン、バナナ等々の自由化に無駄な抵抗をしたことがある。合理的な変化を受け入れなければならないというのがグローバリゼーションの姿で、日本は損得計算でもこの流れを受け入れた方が得である。

私はこれからの世界では、国家意志をこえる国際的な制度合意による統治の領域を増やす方向で、努力がなされなければならないと思う。今後世界の各地域で、価値観や利害を共有する国家群の間で各種の統合が生まれるであろう。東アジアの現実は欧州における欧州連合のような国家統合を、いまだ視野に入れるところまで来ていない。しかし、地域的な平和と繁栄を確保するためには、日本は漸進的、部分的にそういう開放的な方向を模索すべきである。従って二一世紀に向けた日本人の意識として、国家主権万能の考えは排除されなければならない。むしろ国民の意志によって、国家主権を制限することもありうることを明確に認識し、このことを憲法の前文に書くことが適当と考える。もちろん外から押し付けられた主権の制限でなく、相互主義の下での前向きの制限なら受け入れるということである。

4 文化多元主義——世界諸文化の同列性を承認

歴史的に日本人は優れた外国文化を受け入れるのに寛容であったので、既に見たように、今や日本も人権尊重、民主主義等の欧米の政治的な価値基準を、日本自身の価値観であるとしている。

ソ連が崩壊し、経済制度として社会主義が破産したことが明らかになり、政治制度として民主主義の優位が確立した。これをみてフランシス・フクヤマは、資本主義と民主主義という欧米規範が勝利し、「歴史は終わった」と主張した。フランシス・フクヤマの考えに対して、サミュエル・ハンチントンが歴史は終わっていないとして、将来の「文明の衝突」を予言したのは正しかったと思う(3)。将来を見通せば、欧米文明以外の文明、価値観も、これらを体現する国々の力が強くなれば、自ずと自己主張を開始するだろう。現代中国文明の本質はいまだ明らかではないが、すでに中国の発言権が大幅に増大しつつある。

八〇年代の激しい日米経済摩擦の中で、米国でリヴィジョニストと呼ばれた学者、ジャーナリストが日本異質論を持ち出したのを見ても、また現在日本や欧州でアメリカの世界基準への反発が生まれているのを見ても、二一世紀に文明が争う危険性は完全には排除されないと思う。ユダヤ・キリスト教文明とイスラム文明の間には危険な亀裂が深まっているように見える。

人類が文明の衝突を回避したいのであれば、諸文明の間の相互尊重の必要、つまり文化多元主義を受け入れなければならないのは自明であろう。多くの文明を吸収した歴史を持つ日本人は、地球文明の中における諸文化の相対性を最もはっきりと認識している国民であるはずである。また多神教的な日本は、どちらかというと妥協性を欠く一神教世界に見られない良い意味での懐の深い曖昧さの利点を持つ。文明が相争うことの無益さを世界に訴えてゆくことこそ、日本に課せられた歴史的な使命なのではなかろうか。


しかし、明治以降の日本人の自意識は、他文明との間の優劣に一喜一憂するものであった。日本では日本についての劣等意識とその裏返しとしての優越意識が繰り返されている。日本は第一次世界大戦の後のヴェルサイユ講和会議で、人種差別撤廃の主張をした過去を持っている。率直に言って当時の日本が、人種平等という高邁な理想を、理想主義の立場から、世界に主張したのではない。当時、アメリカに渡った日本人移民が、写真結婚で花嫁を日本から招き寄せることに対して、特に日本人移民の多かったカリフォルニア州で反発があり、日本人の土地所有を認めないという州法が成立した。白人国家に伍して国際社会で指導的大国として認知されていた唯一の非白人国家として、誇り高い日本人はとりわけ人種差別には鋭敏であった。このような事情が、当時の指導者に人種平等を主張させた背後にあったことは容易に想像がつく。「あの戦争」中は、大和魂は軟弱なヤンキーに必ず勝つという根拠のない精神的な優越主義の戦争鼓舞が行われ、八紘一宇《はっこういちう》という日本の優越性を内包する政治スローガンがあった。敗戦とアメリカの洗脳政策でこういう優越意識は霧散し、「追いつけ追い越せ」の競争が日本を覆った。八〇年代に日本経済の勢いが著しかった頃の日本人は、外国でも肩で風を切るようなところがあった。バブルの夢に浮かされた八〇年代の終わりのニューヨークで、私は多くの日本人が「ヨーロッパはもとより、もうアメリカからも学ぶものはない」と語るのをよく聞いた。この時代には政治家が他国や他民族を傷つける発言を相次いで行い、国際的な非難にさらされた。そしてバブルが弾けて日本の長い停滞が始まり、今度は日本人は自信喪失に陥った。日本には「奢る平家は久しからず」という格言があり、欧米にも「没落の前に高慢がある(Pride before fall)」という表現があるようである。

ルース・ベネディクトが『菊と刀』のなかで指摘したように、階層社会に住む日本人はどうも文化を階層的に考えて優劣を意識するようだ(4)。自国の文化に自信を持っていれば、少しぐらい経済が浮き沈みしても、平気でいられるはずである。日本人が外国に対して、無闇に居丈高になったり、卑屈になったりするのは根本的に日本人は自国と自国文化に自信がないせいであると思う。自信喪失は必ずしも悪いことばかりではない。過度の自信よりも適度の自信喪失の方が害が少ないと言えよう。しかし二一世紀にはわれわれ日本人はこの慢性的な優劣意識の繰り返しを克服しなければ、決して大国民とは言われないだろう。その見地からすると、近頃の若い人たちには、われわれ世代の日本人が持っていた劣等感／優越感の精神構造は希薄のように見える。「無国籍」的なのかもしれないが、外国を見下したり、無闇にペコペコしない自然体の若者の姿は清々しい。

私は日本人がその階層的な意識構造から脱却するためには、それぞれの民族にはそれぞれ優れたところがあると考えることが有効であると考える。日本の文化が素晴らしいと思うから私は憲法の前文にはっきり書こうと主張している。しかし、それは日本の文化の優越性を誇示するものではない。日本の文化は、世界の他の多くの文化の上にあるわけでも、下にあるわけでもなく、並列の位置にあると考えることを重要視する。アメリカの文化も中国の文化もイランの文化も同列の価値がある。私はこれを文化多元主義と呼んでいる。多文化主義とある部分では共通するが、多文化主義はどちらかというと一つの国なり社会に複数の民族ないし人種が共存するときに、それぞれの異なった文化の共存を積極的に認めようとする立場を言うことが多い。私が使う文化多元主義は、多文化主義よりも広い概念である。それは世界の諸文化、諸文明の間の同列性を認める立場であるとともに、いくつもの文化が一つの国の中で併存することに寛容でなければならないというものである。

なぜ諸文化の同列性が重要なのか?

世界の文化の間の同列性を認めることは、日本にとって以下に述べる三つの点で重要な意味を持つ。

第一に日本人は自国の文化を意識し、自分の文化に誇りを持つことによって、世界の中で日本の存在を明確にすることができると思う。どうもわれわれ日本人は、ブルーノ・タウトに桂離宮の美を指摘されなければ、その素晴らしさが判らず、欧米人が評価しなければ浮世絵を、包み紙として散逸させてしまったかもしれない情けない国民であるようだ。今でもマンガやコスプレが外国人からクールと言われて舞い上がり、大の大人が海外にマンガ発信をするので予算をつけようなどというのは漫画的だと思う。そういう意味では若い人ほど劣等意識がないように見えるのは心強い。「タケノコ族」や「シブカジ族」の方が自然体で立派である。

第二にこうすることにより、未だに日本人の中に存在する差別意識を克服できるのではないかと思われるからである。ヴェルサイユ会議で日本が人種平等を主張したのは先進白人国家に対してであった。当時といえども福沢諭吉のように「相手に理があればアフリカの黒人にも頭を下げる」と言い切れる日本人は少なかった。最近は若干変わって来ているが、これまでわれわれが外人《がいじん》と言う時には中国人やアジア諸民族は含まれなかった。これは日本人だけの特殊性ではない。タイでも外国人を意味するファランという単語に日本人は含まれない。タイ語では日本人はコンジープン、文字どおり日本人である。他のアジア人も白人と日本人の間に微妙な線を引くのも事実である。二一世紀の日本人は、一方で白人には劣等意識を持つが、非白人の外国人には優越意識を持つようなことのないようにしてもらいたい。

第三にこの考えは日本国内に居住する非日本人に正しい姿勢で臨むことを可能にするであろう。そもそも日本人は混合民族であるが、米国のような歴史の新しい移民国家とは違い、日本列島へのいろいろな民族の到来の大きな流れは、日本の歴史時代以前に起こっている。混合民族の多様性はあるが、その多様性は、アメリカのように歴史的に母国での迫害を逃れ、自由を求めて移住を求めるものを受け入れてきて、その結果世界のすべての民族出身者がアメリカ社会の中に混在し、いわば世界が裏返しでアメリカの中にあるような徹底した人種のるつぼといわれる移民国家とはまったく異なる。南方系、中国沿岸部系、朝鮮系、先住の民族であるアイヌ等さまざまな人々が、長い歴史の中で混ざり合ったのが、日本社会である。最大の民族グループとしては七〇万人に上る韓国・朝鮮人の存在がある。しかし、そのほとんどがアジア系の諸民族の流入だったことと、流入が古くから断続的に起こっているために、私たち日本人は同質の民族と思っているだけである。多くの外来民族があった何よりの証拠は、日本人の顔には非常に多様性があることである。私の友人にも東京のホテルで、アジアの人からその国の言葉で話しかけられたものもいるし、私自身タイで暮らしているときは、華僑系の店でよく中国語で話しかけられた。

グローバリゼーションが進めば、外国文化や外国人はますます日本社会に流入するであろう。

情報技術分野などで、日本に一時的に職を求め、日本の経済の発展に貢献する外国人の数もますます増えるだろう。こういう人たちはすべて東京のど真ん中の高級マンションに住む、別世界の住人ばかりではない。隅田川の東岸の地域にはインド初め南アジアからの多くの技能者が住んでいる。ソフト産業などでは、日本での経済機会を求めていろいろな国からたくさんの若い人が来てほしい。異なる文化的背景を持つものが増える結果、日本社会は活性化することは疑いない。

外国籍を有する在日外国人は当然のこととして、帰化した外国人が母国語を初め母国の文化や伝統を維持することも当然許容しなくてはならない。帰化日本人が日本の伝統や文化を尊重し、日本語を習得することは嬉しいことであり、歓迎されるが、日本国籍を取得するには日本文化を受け入れなくてはならないと強制してはならない。

こう考えると、新しい憲法の前文に文化多元主義を書くことは、日本の「内なる異文化」との関係において、寛容な態度をとるべきであるという指針を与えるためにも望ましいことが判るであろう。

内外の文化遺産の尊重

諸文化の相対性を認識することは、他国の文化へ敬意を払うことから始めなくてはならない。日本では平山郁夫が提唱した「文化財赤十字構想」が、海外にある日本の古美術品の修復にとどまらず、敦煌、アンコールワットやバーミヤンなどの世界の文化遺産の保存や修復という活動を進めている。このように自国の優れた文化遺産を保存し、後世に伝えることに止まらず、日本人は世界の優れた文化遺産の保存にも積極的に貢献すべきである。こういうことを憲法の前文に書くことにより、文化多元主義を標榜する日本の基本姿勢を具体的に明確にすることができるであろう。

5　平和の至高性と国際協調——孤立を恐れず独自の判断を

現行憲法が平和憲法であり、これを変えるのは戦争憲法を作ることであるかのごとき議論をするものがいる。こんな不思議な話はない。新しい憲法も今の憲法と同じように平和憲法でなければならないのは当然である。私は新しい憲法前文でも、引き続き明確な形で、平和の至高性を確認しなければならないと考える。それに加えて歴史認識との関連で、日本人の平和主義は、先の戦争の経験から日本人が痛切に学んだものであると述べたい。さらに新前文には、日本は七〇年の平和的協調外交の軌跡に裏打ちされた有力な平和愛好国の一員であることと志を同じくする諸国と協力して、日本も世界の平和の維持に当たる意志を持つことも述べなければいけない。これらのことを前文のこの部分に明記すれば、近隣諸国を含め外国の側で、日本の意図について誤解が起こることを避けうると思う。

私はここではむしろ新前文の平和主義の規定の仕方を巡って、国内でこれから起こる可能性のある問題を論じたい。私は全面改正の中で、第九条を巡るこれまでの議論を一刀両断的に解決することは不可能であるとしている。同様なことが憲法前文の平和主義の記述の仕方を巡っても起こりうる。「愛国心」とか「積極的平和主義」とかのキーワードを入れることにより、これまでの絶対的な平和主義から合理的な国防意識に向けて一歩進めたいと希望する向きもあろう。個人的には私もその考えを理解しうるが、反対に懸念を抱く国民も少なくないと思う。私は「和」を重んじる日本なのであるから、八五％以上が満足するなら、不満な一五％も矛を収めるべきであると思う。

私の前文試案には「和」、「文化多元主義」に加えて「平和の至高性と国際協調」を盛り込むことを提唱している。これらが矛盾することもあり得よう。多神論世界の日本の中で「和」を考えることは容易でも、一神論文明の間の対立が起こる時には、日本的な「和」の精神では対応できない。この矛盾は引き続き友好同盟関係を続けるべき米国との関係で問題を生みうる。同盟国米国との協調は必要であるが、私は今後どんなことでも米国の要求を受け入れて、その意を迎えるべきだと言う気はない。米国の世界軍事戦略と日本の政策が異なることは当然ありうる。ベトナム戦争のように、米国が誤った軍事活動をした時には、距離を置くことは当然で、現に当時の日本政府のベトナム戦争への協力は、実質的にほぼ皆無と言ってもいい状況だった。今後ともそういうことはありうるだろう。国連憲章のお墨付きのないイラクでの有志連合の軍事行動に日本は距離を置いた。湾岸戦争、アフガニスタンやイラクの平和維持などについても、日本は独自の判断を貫いた。日本は今後ともケースバイケースで判断していけばよい。

そんなことをすれば日本は孤立すると心配する人も多いだろう。しかし、残念ながら日本は孤立した国家というのがその本質である。(5) 利己主義からの我がままで孤立するのは救いようがないが、原理原則の問題に基づく孤立は時間が経てば必ず解消する。日本人が自信を持っていれば大丈夫である。あえて心配する人には、サミュエル・ハンチントンが述べた「文化と文明の観点からすると、日本は孤立した国家」であるが、「日本は、なんらかの危機に見舞われた場合、日本に文化的なアイデンティティを感じるという理由で、他の国が結集して支援してくれることを当てにできない。一方で、他の社会と文化的なつながりがないために、他のいかなる国に対しても文化的な共通性にもとづいて支援する責任がなく、したがって、自国の独自の権益を思うがままに追求できる」(6)という言葉の深い意味を熟考して欲しいと言いたい。

さてこれで私は心の丈を述べ尽くした。後は私の憲法前文試案をお目にかけるだけである。

「私の憲法前文試案」

美しい自然と変化に富む四季に恵まれた日本に住む私たちは、古くから自然との共生、生活の中の文化や社会における調和を大切にした国柄を育んできた。勤勉と自助の精神を尊び、他人の気持ちを思い遣るのは日本人の美風である。すべての国民は等しく平等であり、このような国民の意志を体して、和を重んじる政治が行われなくてはならない。この憲法は民主主義と基本的な人権の尊重の上に、公平で平和で豊かな国民の生活が、将来にわたって確保されるように制定されるものである。

人口の増加、科学や技術の発達の結果、地球は狭くなった。地球の環境を保全するとともに、有限な資源を諸国民と分かち合い、争いを避けることが必要になっている。国際的な平和の維持と繁栄の確保のために、いかなる国も勝手な行動を控え、協力し合わなければならない。そのためには国家主権を世界の大義のために制限することも必要になろう。私たちは、公平と相互主義の原則が満たされる場合は、国民の意志に基づいて、このような制約を受け入れる用意がある。

私たちは個性的な日本の文化を誇りにしているが、同時に世界の諸国民の文化の間には優劣はないと信ずる。歴史を振り返れば日本人は外国文化の摂取に常に寛容であったし、今後もそうあり続けたいと思う。

私たちは日本の文化遺産を将来の世代に引き継がなければならない。同時に世界の優れた文化遺産を後世のために残す作業にも積極的に参加すべきである。

私たちはその歴史から平和の尊いことを学んだ。自ら平和を脅かす行動をとらないだけでなく、私たちは世界の平和の維持のために積極的に貢献しなければならない。

私たちは国家の名誉にかけて、逞しくこの憲法が掲げる理想を求め、実現することにより、世界のなかで尊敬をかち得たいと希望する。

(はじめにでお断りしたように、この前文試案は著者が十数年前に出版した前著に掲載したもので、著者が参考人として招致された二〇〇三年七月の衆議院憲法調査会の小委員会の際に、これについて意見を述べる機会が与えられた[7])

（1）北嶋廣敏著『図説大江戸おもしろ商売』学研、二〇〇六年
（2）一九七五年夏にヘルシンキにおいて、一八一五年のウィーン会議以来と言われる三五カ国の欧州首脳（ソ連を含み米国、カナダも参加）が参加した欧州安全保障協力会議が開かれ、参加国はヘルシンキ最終合意に調印した。この取り決めは安全保障、経済協力と人道協力の三つの「バスケット」からなっていた。第三バスケットは人権、人の移動の自由、思想の交流について定めていた。
（3）サミュエル・ハンチントン著、鈴木主税訳『文明の衝突』集英社、一九九八年
（4）ルース・ベネディクト前掲書、五三頁
（5）村田良平著『何処へ行くのか、この国は——元駐米大使、若人への遺言』二〇一〇年、ミネルヴァ書房、二一〇—二一五頁
（6）サミュエル・ハンチントンの一九九八年一二月に東京で行った講演。『文明の衝突と21世紀の日本』集英社新書、二〇〇一年、四八—四九頁
（7）英正道著『君は自分の国をつくれるか　憲法前文試案』小学館文庫、二〇〇一年、および第一五六回国会衆議院憲法調査会最高法規としての憲法のあり方に関する調査小委員会議録、第五号　四—五頁

第五章　そして日本はどこへ――二〇三〇年の日本

悲観論ではない未来論を

この本が世に出てから一五年ほど経った二〇三〇年、日本はどんなことになっているのだろうかと、未来に思いを馳せてみようというのが、この最終章の「未来物語」である。

この本の随所に述べたように、日本は多くの問題に直面している。ただ世界を見渡せば、二一世紀に入った現在、欧米先進国、アジアや中南米の中進国、アフリカの途上国を問わず、解決の目途の立たない難問に苦しんでいない国など皆無である。それなのに日本人の抱く先行きへの不安感は際立っていると思う。日本人は律儀で先憂後楽型の国民性を持つので、どちらかというと悲観論に陥りやすいのであろうか？

筆者の描く二〇三〇年の日本の姿は、悲観論一色とも言える現在の日本の未来論と比べると、楽観的に過ぎるというお叱りを受けるかもしれない。しかし、私は現実無視の楽観論を意図的に書いた訳ではない。はっきり言ってナンバーワンとかナンバーツーという視点から見た場合に日本の地位が低下していくことは避け難い。しかし、未来の日本が世界中から一度行ってみたい、さらには暮らしてみたいと思われる魅力ある国になり、日本モデルに世界から積極的な関心を示されるということは決して夢物語ではない。私は日本人の皆が働いて耐える集団主義の強靱性と外生的な与件への優れた対応能力を深く信頼している(1)。

私は第三章で日本丸は荒海の航海に乗り出すと述べたが、世界の多くの国が、海が荒れることを望んでいるわけではない。二〇一四年にシリアで突如現れた「イスラム国」は残忍極まりないグローバル・ジハード運動として日本にも大きな衝撃を与えた(2)。

「イスラム国」へのイスラム世界の責任ある指導者が見せた対応は、もちろん王政を守りたいという要素もあるだろうが、これを「文明の対立」とすべきでないという良識がイスラム世界でも健在であることを示していると言ってよいだろう。東アジアについては、中国の登場とアメリカの国力の相対的な低下の間で、日本が長期的にどのような外交政策をとるかが決まっていないという過渡的な状況にある。中国の国力が米国に拮抗する時には、東アジアの国際的な均衡の真のテストが始まる可能性があるが、巨人中国の足もまだ半分は粘土製である。中国が明らかな不動産バブルからソフト・ランディングできるかは不分明で、さらにその先には中国の高齢化の影響が中国社会をどう変質させるかという問題点がある。中国の為政者も彼等なりに国民世論に配慮しなければならないことも明らかである。米国は日本と提携して中国と対立する決心はついていないし、中国も国内の安定の維持に自信が持てる状況ではないので、いたずらに日本とことを構えて、日本を決定的に米国側に追いやるのは得策でない。東アジアでは海が荒れ始めているように見えるが、実は未だ真の嵐の前の静けさというのが実情である。サミュエル・ハンチントン流に言えば、中長期的に見れば、中国にとってはイスラム文明との対立の危険性と規模の方が、日本文明との衝突を招く必要性よりもずっと大きい。

同時に世界における相互依存の度合いはますます深まっている。レアメタルをめぐる日中間の小競り合いで明らかになったように、返り血を浴びないで相手を傷つけることは難しくなっている。ましてや戦争や軍事衝突が始まれば、最大の被害を受けるのは婦女子を含む非戦闘員の国民である。どこの国でも言論の自由が確保され、物事をバランス感覚で見られる環境が確保されていれば、国民は平和を愛し、繁栄したより豊かな生活を望むものである。中国といえども自国のインターネット空間を外部世界から遮断しようとも、情報は拡散する。反日教育は自国の求心力の強化に有用であっても、大衆の反応を適度にコントロールすることは難しい。これが一種の劇薬であることは間違いなく、長い眼で見ると賢明な政策ではない。このように見ると楽観主義と笑われるかもしれないが、世界が平和と安定に向かう要素は決して少なくはない。

とはいえ、二〇世紀は戦争の世紀だった。二一世紀も同じ轍を踏むかもしれない。しかし国民に人的な犠牲を払わせ、富を霧散させることを、自分の生存が脅かされるわけでもないのに、政府が望むかと言えば、もう帝国主義の時代が終わりを告げていることは、はっきりしている。人類はそこまで非理性的で愚かではない。歴史は必然であるという説もあるが、一部の指導者や特定のグループの行動の偶然性にも左右される。歴史を見ると不幸な偶然が悪い循環を生み出し、破局を招いたことも判る。オーストリアの皇太子を暗殺したサラエボの一発の銃声が第一次世界大戦のきっかけとなった。盧溝橋の一発の銃声が日本を破局に導いただけでなく、世界を巻き込む大戦争の幕を開けた。

最近読んだ本で、私は一九三七年の冬に日本軍が南京に迫りつつあった時、日本の有識者の中に「ビスマルク的転換(3)」を行い、南京入城をやめるべしという意見があり、中支派遣軍松井石根司令官のみならず勇猛な柳川兵団を率いた柳川平助中将もこれに賛成だったというくだりを読んだ時には正直信じられない思いだった。歴史に「もし」はないが、側近から進言を受けた近衛（文麿）首相が勇気を持ち、木戸（幸一）内相と心を合わせて天皇の統帥権を逆に用いて、血気にはやる兵士に南京入城をさせなかったら、あの忌まわしい「南京虐殺」は起こらなかったし、その後の歴史がどう違ったかと深い感慨を持った。

このエピソードを知って、私は外務省の尊敬する大先輩が「外交の要諦は、半分で妥協し、悪い循環に入ることを避けることである」とよく述べておられたことを思い出した。私が二〇三〇年の日本の姿を描こうとするにあたって、念頭を離れなかったのは、日本外交において良い循環が作り出せる可能性があるか、そして日本の側で好循環を作る主体的努力の余地があるかであった。私は日本の憲法改正を日本の平和主義の再確認の絶好の機会にすべきであると考えていて、この日本の未来物語もこのことが大前提である。

それでは私の「未来論」の入り口となる、日本における憲法改正がどのような道のりで展開していったと予測されるのであろうか?

憲法改正への道のり――おそらくこのように進むだろう

安倍総理が自民党総裁として自民党の結党以来の党是である憲法改正に強い意欲を持っていることは疑いを入れない。一時、衆参両院で改憲論に前向きな議員が、憲法改正の発議に必要な三分の二を占めていることに着目して、憲法改正に熱心な有識者により、この状況が続くうちに改正の発議を取り付け、二〇一六年に予定されている参議院選挙に併せて、憲法改正の国民投票を行おうという国民運動が始められた。しかし、安倍総理は日本がデフレから脱却することが最優先の課題として、消費税の第二次増税を先送りして二〇一四年一二月に総選挙を行ったが、その際に「国民の理解を得つつ憲法改正原案を国会に提出する」という姿勢に転じた。その後も同首相は国民の理解を深める必要を強調し、二〇一五年二月の施政方針演説では「憲法改正に向けた国民的な議論を深めていこう」と述べるに留まっている。

その背景には二〇一二年四月に自民党は「日本国憲法改正草案」を取りまとめたが、この基礎の上に国民の過半の支持が得られるかどうかに自信が持てないことがある。連立与党である公明党は、女性を中心とする支持基盤に、自民党の憲法改正案は平和主義と立憲主義に反するという意見が強く、彼女たちの意見に配慮せざるをえない事情にあると思われる。また前回の総選挙で自民党よりも右寄りの改憲政党の「次世代の党」が惨敗を喫したという事情もあると見られる。

国民の間に憲法改正に対する関心が呼び覚まされてはいるが、イスラム過激派組織のテロが世界各地で後を絶たず、憲法第九条を改正すると、「テロとの戦い」をますます強く打ち出す米国の戦争に巻き込まれ、日本もテロの戦場となるという議論も高まった。自民党内からも憲法改正は「環境権」の創設や有事対応など、広く支持が期待できる問題から着手するのが適当であるという意見も散見している。安倍総理も国会における諸政党間の協議を重視する姿勢のようである。忖度《そんたく》すると自民党内では全面改正論は後退して、私が主張するような国民の支持が得られる点の改正から始めるという段階的改正論へと流れが変わっているようである。おそらく二〇一六年の参議院選挙の結果が、段階的な改正の内容を決定する上できわめて重要になるであろう。二〇二〇年に東京で開かれるオリンピック・パラリンピックまでに憲法を改正し、国民投票を経た正統性のある憲法を有する民主主義国として、晴れ晴れとした気持ちでこのスポーツの祭典を開催しようという主張もしだいに賛同者を増やすものと見られる。

さて総理が国民の理解を得る努力を強調しても、議会制民主主義の日本ではまず政党間の議論を経ての結論以外に国民の意向を確認する術はない。現在、民主党のみならず政権与党である公明党すらその主張する「加憲」内容を明らかにしていない。しかし、すべての政党は二〇一六年の参議院選挙を前に、憲法改正についての具体的な姿勢を明らかにせざるをえないようになった。諸政党の間では憲法審査会や特別の協議会で考えの擦り合わせが行われた。政党間協議では、左右から議論が百出したが、当面国民のコンセンサスが得られそうなのは、憲法前文と公明党や一部野党の支持も期待できる「環境権」あたりではないだろうかという結論に収斂して行った。

国民の関心もしだいに高まり、特に新たに選挙権を得た一〇代、二〇代の若者が日本の歴史上初めての国民投票（レフェレンダム）を行うことに積極的に関心を示すようになったのも時代の流れだったのだろう。政党間の協議が、前文の改正の方向を辿るにつれて、多くの高校、大学のキャンパスでインターネットを活用して、自分たちが立ち上げたウェブサイトで前文を作ってみようという真面目な遊びが始まった。日本国内で若者の間にインターネットが完全に普及したことは年配者には驚きであった。また今回の憲法改正の主な対象が、難しい法律用語を必要とせず、分かりやすい日本語で「国のかたち」を示す憲法前文になったことも、若者が熱意を持って、かつ気楽に参加した大きな理由だったのかもしれない。第九条改正に反対するのも反対の理由を失い、肩すかしを食った形となったが、逆に第九条反対論者も、今回の改正には積極的に参加するようになった。インターネットを通じて「国民が前文だけは書こう」という国民的な前文作りの運動も行われた。国民が作り上げたさまざまな前文案には驚くほど出来の良いものが少なくなく、政治家による起草作業に参考情報を提供したのである。

二〇一X年ついに「この国のかたち」を盛り込んだ立派な憲法前文案と若干の追加的な改正が国会の各院でそれぞれ三分の二の賛成を得て成立し、この案について国民投票が行われた。我田引水と笑われるだろうが、提案された前文案は私の「試案」にかなり似ていた。最終的には九〇%に近い日本の国民が、新しい憲法前文で民主主義、国民主権、人権尊重と平和主義という戦後の基本的な路線を、歴史始まって以来、最初の国民投票で確認したのである。日本は「全面改正の罠」にも「国際的な謀略の罠」にも掛かることなく、念願の憲法改正を実現したのである。この動きには在京の外国メディアも注目し、日本の民主主義の健全な姿として、驚きに溢れた、珍しく好意的なルポルタージュが諸外国のメディアを賑わした。国民投票で圧倒的な支持を得た新しい前文を持つことになった日本国憲法は、完全な正統性を獲得し、諸外国で日本が遂に戦後から脱却して、新しいスタートを切ったと受け取られた。

それから日本国内外にどんな変化が起こったかを、期待と予測を込めて以下に考えてみたい。基本的には私の「夢物語」であるが、私としては可能性の高い未来物語のつもりである。

私の「夢物語」――しかし、可能性の高い未来として

私の「試案」にあった「私たちはその歴史から平和の尊いことを学んだ。自ら平和を脅かす行動をとらないだけでなく、私たちは世界の平和の維持のために積極的に貢献しなければならない」という趣旨が、国民の総意として新しい前文に示されたことは、近隣諸国の安心感を醸成した。これで日本との歴史認識論争に終止符を打つ潮時ではないかという意見も中韓両国で散見するようになった。既に豪州のアボット首相が二〇一四年の安倍首相の訪豪の際に「過去にとらわれず、日本の七〇年の実績を正当に評価すべきである」という趣旨を述べていて、豪州は当然、新憲法前文を高く評価した。ＡＳＥＡＮ諸国も好意的に評価する国がほとんどであった。日本が歴史から学んだという姿勢を示したことは、これ以上歴史認識論争を行っても世界の審判、後世史家の審判に好影響は与えないことがしだいに認識されるようになった。日本の「歴史の超克」宣言は、トゲ抜き効果を持ち、ささくれ立った中国と韓国との関係改善のきっかけを提供することになった。

日本国内に、このような展開を見て、さらに良い循環を促進するために、日本が外交面で何らかの具体的な一歩を踏み出す必要があるという冷静な意見も現れて来て、一時の嫌中、避韓

の風潮も収まりを見せてきた。日本が現状維持の満足した国家であることを明確にするために、日本政府は中国、韓国、ロシアとの間の膠着した領土問題に新しい発想で臨み、近隣外交の閉塞を打開する積極策に出た。二〇一X年に時の政府は「すべての領土を巡る近隣国家との意見の不一致は、平和裏に解決する考えで、憲法の示すように武力の行使は論外である。具体的には交渉により解決したいが、意見が一致しない場合には国際司法裁判所の判断に委ねる用意がある」という趣旨の首相談話を出した。

良い循環の始まり

ロシアが自分のものと主張する北方領土と韓国が実効支配を強める竹島については、費用対効果の面からだけ言っても、日本が武力奪還を考えることはもとよりまったくありえないことである。いずれの国も国家の体面や国民感情が、国際法上自国領と主張する領土を一方的に放棄することを許さない。国際司法裁判所の判断に委ねるという立場は不自然なものではない(4)。一応これ以上公平な裁きはないとされる国際司法裁判所が日本の主張を退けたら万事休すである。二〇一四年南氷洋の調査捕鯨についての国際司法裁判所の決定は不満ではあったが、日本政府はこれに挑戦できなかった。国民も政府の説明不足を責めることはあっても、判決を無視して調査捕鯨を続けよとは主張しなかった。もちろん重い領土問題はそのような単純な経過は辿らない。日本は自己に有利であると確信して、首相談話を出しているのである。おそらく相手側はロシア、中国、韓国いずれも、敗訴を恐れて国際司法裁判所での解決には応じないであろう。しかし司法解決を拒否して、中国が尖閣問題について武力解決に固執すれば、国際世論は決定的に中国に不利になる。しかも日本が集団的自衛権を一部容認することにより抑止力を高めているので、中国も軽率な行動はできない。いつまでも多くの公船や漁船を尖閣周辺海域に送ることのコストがいかなるベネフィットをもたらすかわからなくなってきた。中国は「日本の首相談話は釣魚島が係争下にあることを認めたものである」と解釈して、鄧小平の「将来世代の英知に委ね、先送り」の路線に戻るきっかけとした。日中関係が改善の方向に向かったのは言うまでもない。

韓国の姿勢に本質的な変化は見られなかったが、ロシアとの関係では進展が起こった。プーチン・ロシア大統領が国賓として来日した時に、無条件で歯舞《はぼまい》諸島と色丹《しこたん》島を日本に引き渡すことを明らかにしたのである。もちろん日本側はこのことは評価するが、北方四島の九〇％以上を占めるのは国後《くなしり》、択捉《えとろふ》両島であるので、引き続き返還を求めるとの姿勢をとった。後に述べるように日本の資源外交が、日露関係にしだいに新しい側面を開いてきたので、残りの領土問題の日露関係に占める相対的な比重が下がり出し、このことがプーチン大統領の「引き分け」論への関心を高める結果となった。はたして両国政府間でお互いの立場を害さないで「引き分け」ができるかを探る水面下の交渉が続けられているようである。時折「北方領土解決間近か？」等という政府筋のリークと思われる記事が日露のメディアに現れては消えている。領土問題を巡り日本外交に良い循環が始まったようで、二〇一〇年代に入って激化した領土を巡る近隣諸国との対立の雰囲気は、二〇三〇年の段階ではずっと平穏なものになっている。

東アジアにおけるこの変化は世界を安堵させた。最も歓迎したのは米国である。米中間の「新型大国関係」の具体的な姿は未だにはっきりしないが、二〇一X年に中国において不動産バブルが崩壊して、中国はかつての日本やEUと同じくバブル崩壊後の後遺症に悩んだ。中国の成長率はかなり低下して、米中間の経済力の相対的なバランスは依然として米国に有利である。米国内では中国市場参入への永年の夢は依然根強く、経済界を中心に米国内には米中共存の希望は消えていない。中国軍当局の内部には今でも時折強硬なタカ派の存在が問題になるが、共産党が軍をコントロールする体制は何とか機能しているようである。

靖国問題も解消

日中、日韓関係が平静化するに及んで、日本国内で新しい動きが自発的に生まれてきた。「あの戦争」終結の一〇〇周年の二〇四五年に、広島に新しい慰霊施設が設けられることになった。すでに広島への米大統領の訪問も実現していて、日本側には原爆投下へのこだわりは薄れている。この慰霊施設では日本人、外国人を問わず、また軍人、民間人を問わず日本が関わった過去すべての戦争において非命に倒れたすべての戦没者の慰霊を行うこととなっている。政府はこの慰霊施設が完成した暁には全国戦没者慰霊行事は廃止して、広島慰霊祭に合流することを明らかにし、両陛下も参拝の希望を漏らされたと聞こえてくる。この成り行きとの関連は不明であるが、皆が驚くようなことも起こった。靖国神社が過去に一宮司が行ったいわゆるA級戦犯合祀を、ある日別の一宮司が撤回したのである！　靖国参拝問題は霧散した。両陛下は広島慰霊祭で毎年平和の祈りを捧げられるが、折々靖国神社参拝を復活させたいとの内意を洩らされていると伝えられ、旧遺族の子孫もこのことに満足するようになった。

　外国の対応はマチマチであるが、少なくとも国賓で広島を訪れる外国元首はここの慰霊碑に花輪を捧げることが定番コースになりそうである。しかしこのような動きを通じて、日本人の神は戦争中の神社神道とは無縁であることの理解が進み、外国からの賓客の中にも明治神宮、靖国神社や千鳥ヶ淵慰霊碑に献花するケースも生まれている。

皇室の継続性についての不安は解消

　ところで天皇制については二〇三〇年までに何らかの変化が起こっただろうか？　一部にあった憲法を改正して元首と規定すべきという意見に国民は関心を示さなかった。昭和天皇に続き、現在の天皇の活動に国民は満足していて、象徴天皇を規定する現行憲法を改正する必要があると国民は考えなかった。天皇の公式外遊は常に訪問国で国際儀礼上最高の国賓として扱われており、外国王室の慶事に出席される時も元首として順位が定められるのが慣行化している。外務省も宮内庁も現状で何らの不都合もないとしているようである。皇太子は浩宮殿下である。その後の皇嗣は立太子礼をまだすまされていないが、秋篠宮悠仁親王である。ただ二〇二三年今上天皇の卒寿のお祝いの年に、重要な皇室典範の改正が行われ、「天皇は性別に関わりなく、第一子が皇嗣となる」と英国王室と同様の継承規定を設け、女性天皇への道が開かれた。この皇室典範の改正が政治問題化しなかったのは、少子化で一般家庭でも一夫一婦制で養子を認めねば家系は断絶することが多いことによると思われる(5)。ただ国民の間に根強く男系天皇へのこだわりがあることを考慮して、改正規定は第二項で但し書きとして「但し前項の規定にかかわらず、男系男子が存する時にはその男系男子を皇嗣とする」と規定したので、今上天皇の薨去《こうきょ》の際の天皇の継承順位は第一位浩宮皇太子、第二位秋篠宮殿下、第三位秋篠宮悠仁親王と現在と変わっていない。悠仁親王は今や二四歳の好青年で将来のお妃が誰になるのかしばしば週刊誌を賑わしている。男系天皇断絶の心配は一頃ほど厳しくなくなっているが、宮家の数はどんどん減っている。皇室典範の改正の時に、新宮家の創出も大きな問題となったが議論百出で結論が出ないままに今上陛下の九〇歳の慶事が迫り、先送りとなった。その後皇室会議に新メンバーを加えての議論が行われ、臣籍に降下された元内親王のなかでご本人に異存ない方の皇室復帰も含めて、二〇二X年に数家の女性宮家が創設された。女性天皇が誕生するかはさらに先の話として、これで皇室の継続性についての不安は解消している。

二〇三〇年の日本の人口は一億一六六〇万人と減少しているが、まだ巨大国家である。相当程度進んだ高齢者対策よりも、少子化を回避する施策の重要性が年を追うごとに強く認識されるようになった。晩婚化、非婚化の傾向を逆転させ、家族が多くの子供を育てられる多様な支援制度が導入された。欧米のように婚外子を育てることや外国の子供を養子にすることもしだいに市民権を得るようになった。また女性の社会進出を支援するために育児支援等さまざまの諸措置が採られた。その結果出生率が徐々に上昇し始めている。人口の減少傾向についても一頃のような悲観論一色ではなくなり、いずれ歯止めがかかり、ある時点から増加に転じると予測するものも出てきた。外国籍の永住者がきわめて多くなった。日本が憲法の新前文で、文化多元主義の尊重を謳い、人権の尊重を明確にしたことは、日本社会の多様性を進める上で良い循環を作り出したようである。日本が国籍の取得条件を緩和すれば、相当数の在日朝鮮人を含む外国人永住者が日本国籍を取得する可能性が出てきたようである。二〇一一年東日本大震災直後に、著名な日本文学研究者のドナルド・キーン先生が日本国籍を取得したことは日本国中に驚きと喜びを持って迎えられた。二〇三〇年のＦＩＦＡワールドカップの決勝リーグは日本で開催されるので、熱心なサッカーファンはＪリーグでここ数年連続して得点王となっていたある外国人選手が数年前に日本国籍を取得して、日本代表選手に選ばれたので、大興奮している。

他方海外で暮らす日本人の数、海外移住者も増加して、政府にとってその保護が頭の痛い大問題となっている。この問題についてはホスト国との友好の維持、同じ悩みを持つ国との協力が必要であり、日本の国際協調の真の意味合いはここにあると議論するものも出てきた。

日本経済は？　原発は？

二〇三〇年日本のＧＮＰは米国、中国、インドにも遠く及ばなくなり、欧州連合等の地域連合にも大きく水をあけられている。メディアは日本が世界で何番目の経済大国であるかを報じなくなり、国民も気にしなくなった。しかし日本経済は、超成熟経済にしては、わずかながら成長しており、一人当たりのＧＤＰは世界の長者番付の上位を維持している。

経常収支はほぼトントンで推移している。観光収入の顕著な増加とこれまでの海外投資からの果実が日本に還流しているからである。第二次安倍内閣のデフレ脱却の結果円安傾向が定着し、国民が資産を海外資産の形で持つことが増えて、日本人が名実ともに超成熟債権国の国民として行動するようになっている結果でもある。他方国境を越えたカネの動きは依然巨額で荒っぽいが、中国が国際金融制度の安定に利害関係を持つことを理解し、これに協力するようになって来たので、為替変動リスクが低下したことも保守的なミセス・ワタナベを安心させている。近年国際的なシンポジウムでは米中機軸の新制度のあり方がお気に入りのテーマの一つになっている。

九・一一東日本大震災と原発事故のショックから、日本国民は原子力発電所の新規建設はしないという選択をした。二〇三〇年に全国で稼働中の原子力発電所は数カ所に留まり、後二〇年もすれば日本から原子力発電所の姿は完全に消えるだろう。二〇一一年の原発事故後、すべての原発は稼働しなくなる状況の下で、電力供給を確保するため、一時急増した化石燃料の輸入の負担も、しだいに日本が堪えられる水準まで下がってきた。一部は太陽エネルギー、地熱発電等の代替エネルギー開発の効果であるが、「神風」は化石燃料供給源の多様化でコスト減を図ることができたことである。もちろん自助を尊ぶ日本人が、「省エネ」に努力したり、日本近海海底のメタンハイドレード等の自前のエネルギー資源開発に努力したことの効果も若干は貢献している。しかし、最大の要因は、ロシアとの関係改善にともなう天然ガス輸入、米国その他からシェールガスの売り込み、その結果中東依存が減少傾向を示し、日本の価格交渉力が増大したこととの総合的な結果として、輸入化石エネルギー資源の価格が低下したことである。

累積が続いた財政赤字が日本経済を破綻させることは、幸いにも二〇三〇年までには起こっていない。デフレを脱却した日本経済はわずかずつながら成長し、税の自然増が予測よりも大きかったので、消費税率も一〇％を超えることはなかった。インフレにより政府の借金が「目減り」する効果も、少なからず「財政再建」に寄与した。反面消費税が一〇％となり、加えて相続税の課税ベースがしだいに拡大して、多くのものが相続税を払うことになったインパクトは想像以上に大きかった。増税反対が再び国民の強い声となり、さすがの財務官僚もこれ以上の増税を断念した。国民の関心は無駄な支出の削減に向かう。民主党は二〇一四年末の総選挙後は、二〇〇八年の総選挙の前の行動パターンに戻り、健全野党として、補助金の削減、ゾンビ法人の追求に精力を集中した。同時に政党助成金を思い切って党の政策立案に投入した。その結果、国民の支持も眼に見えて回復していった。官僚も保身の必要から、野党にも情報を提供するようになった。未だに深刻な問題である「財政再建」の実現については、与野党の目はともに支出面の合理化に向かっている。与野党間の論争は国民の「幸福」の実現を軸に展開し、税制に関心が集まるようになり、財務省内では主税局が主流と言われるようになった。不幸の最大原因とされた失業は、正規社員の有効求人倍率がずっと一・〇を上回っているという状況下ではもはや問題ではなくなった。二大政党連合の間の政策では、政治イデオロギー的な違いも、経済政策も外交路線の違いも、いまやほとんど消滅した。水が淀み、癒着が起こるのを防ぐことが政権交代の主目的となり、この一五年の間に幾度も政権の交代が起こっている。

ある時点から日本発の食料品、果物等の農産物の輸出が拡大を始めた。中国初めアジアで、有機農業で安全な日本食品への信頼が増加したことによる。永年数百％の関税で手厚い保護を余儀なくされていた日本のコメの競争力がＴＰＰ交渉の中で関税を引き下げることになり、本気で対策が講じられた結果、日本におけるコメ生産は驚くべき抵抗力を示し、輸入米に席巻されることはなかった。円安が定着してコメの内外価格差もそれだけ減少したことも結構日本米にはプラスになった。二〇世紀の半ばに中尾佐助が「米食に代わった国民はあってもその逆はないのは、コメが美味しいからだと」指摘した[6]ように、巨大な中国人口の富裕化の影響もあって、世界的なコメへの需要は増加の一途をたどったのが根本的な理由であった。これに反して供給は追いつかなかった。カリフォルニアや豪州で潅漑で行うコメ生産は水のコストが高まるにつれて競争力を失った。日本では二〇二〇年代からコメ生産の規模の著しい拡大が生産コストを引き下げた。端的に言うとコメ生産はモンスーン地帯に適しているので、日本の風土はコメ生産に適していることが、保護を減らして裸になって初めて、明らかになったのだと論評するものもいる。

日本の文化特性はモノ作りへの執着で、利便性の高い商品開発は日本人の得意とするところで、アングロ・サクソンのように金融で立国することは不得意で、この点は二〇三〇年の現在も基本的には変わっていない。利便性を追求する民族性は、日本列島の地理的な条件もあり、鉄道、道路の陸上交通ネットワークを効率的に築くことに成功し、しだいにこのネットワークの上に便利な流通網を発展させた。人口が稠密《ちゅうみつ》なアジアにこの経験は有効であり、日本の鉄道技術、流通産業がアジアで優位性を示すようになった。モノ生産が次々にコモディティー化して、低賃金国に一部の産業が移動して、空洞化は避けられなかったが、逆に二一世紀に入り積極的に海外に打って出た中小企業の中には大成功を収めた企業も少なからずあった。「メード・バイ・ジャパン」は利便性の高い商品とサービスを総称する言葉となり、海外で働く日本人が苦労する状態に変わりはないが、日本経済を支える哲学ともなっている。振り返ると東日本大震災が起きた二〇一一年が日本経済のボトムであったようで、その後も日本の経済力は世界に展開して、二〇三〇年においても強靭な生命力を発揮している。

中国はバブル崩壊後、穏健化へ

国際情勢はどうなっているだろうか？　日本の対外政策を占う上での大きな与件であるユダヤ・キリスト教世界対イスラム社会の対立の危険は、在米ユダヤ人の考えがシオニズムとイスラエルを分けて考えるようになり、米国は共和党大統領の時代にこれまでの親イスラエル政策の見直しを進める機運が生まれた。これがイスラエルへの圧力となり、中東和平の最大の阻害要因であったヨルダン河西岸のイスラエル占領地での強圧的な入植地の建設に歯止めがかかったのである。中東の安定は未だしであるが、パレスティナ人側の態度もしだいに妥協色を強めてきていて、ハンチントン教授が予言した「文明の対立」的な破局はどうやら回避されそうである。中東情勢は安定化の兆しを見せていて、石油・天然ガスの価格はさらなる下げ止まりを予想するものが多くなった。

もう一つの与件である中国の将来と米中関係については、かつて外務省出身の論客である岡崎久彦が五つの仮説を描いたことがあるが[7]、壮大な不動産バブルの崩壊を経験した中国は、一層外部世界との相互依存性を受け入れるようになり、かつての冷戦のような厳しい対立は生まれていない。中国の為政者は歴史から賢く学んでいると言ってよいだろう。中国でも成長率がしだいに低下して、国民の高齢化が進み、中国政府はさまざまな格差の制度的な是正という国内の難問に忙殺されている。一九七五年以降急速に拡大している富の格差について警告するピケティの『新資本論』が巻き起こした衝撃が、最も大きかったのは意外にも中国であったようだ。日中関係の改善の結果、日本への旅行者の数が激増し、「日本のような」豊かで平和な生活への中国国民の憧憬も高まった。日本が増税を通じて社会保障制度を再建したことが、中国指導者の関心を惹いている。憲法前文の改正を契機に、日本の国内事情や国民の意識の実態がしだいに認識され、根拠のない日本不信もしだいに減少した。驚くべきことは、同時に中国国内に発展モデルとしての日本が再認識されてきている。日本が地方自治を重視し、道州制の導入に踏み切ったことも、規模が一〇倍も大きい中国こそ地方分権を進め、連邦化の方向に進むべきであるという考えを生み出している。好むと好まざるとにかかわらず、いずれの国でも社会の多様性の増大は不可避の方向で、中国も中国流の民主主義、多党制度の方向に向けてゆっくりながら進んでいるようである。

中国は海軍力を増大させ、米国との間で太平洋を二分化するという方向を虎視眈々《こしたんたん》と狙っている。米国はあくまでも海洋の自由等の「法の支配」を守る姿勢を堅持しているので、中国の近隣諸国の危惧はそれほど高まってはいない。

ただ米国の相対的な国力の低下から、朝鮮半島は中国の影響下に入り統一されるという流れが年を追って強くなっているように見受けられる。また中国本土の経済発展が、台湾、香港と中国本国との間の格差を減らし、また中国政府も、国内問題に忙殺されていることもあり、一国二制度を過渡期に維持する賢明さを持ち合わせているので、多くのものが台湾も香港もいずれは中国に統一の方向に進むことを折り込むようになっている。中国は念願の歴史上の最大版図を実現しそうであるが、それに伴い中国は受け身の現状維持国家へと変貌を始めている。ウイグル人、チベット人等の人権の尊重問題が中国の弱みとなっている。

日中関係は相互不可侵の方向へ

米中関係が安定化するにつれ、在日基地の重要性はしだいに低下した。中国の面子も損なわない形で尖閣諸島問題の実質先送りが実現したので、日中間には相互不可侵が望ましいという考えが日中両国内でしだいに強くなっている。日本と中国との関係は、憲法改正が行われてからの日本人は「歴史認識は一致できないが、起こったことは否定しない。被害を与えたことは謝罪する。ただ日本は戦後一貫して資金的、技術的に中国の経済発展に尽力している。日本も間違いは繰り返さない。過去は過去として、これからは未来志向で行こう」とはっきり述べるようになった。中国側でも日中関係を重視するべきであるという意見もしだいに大きくなり、対日復讐心を煽るような誇大な抗日戦争記念館の展示がいつの間にか以前よりは少し穏健な表現になっていたりする。説明もなく、中国人の心の中の歴史の記憶は消えないが、若い世代同士の交流はきわめて盛んになり、中国からの多数の来訪者が日本について持ち帰る良い日本の印象が悪い過去の記憶の相殺に、時の経過とともに、役立つことが期待されている。

注目すべきことは前文の改正を契機にアイデンティティの確認が行われた日本でしだいに愛国心は強くなっていったことである。このような民意の変化を背景に、二〇二X年に実現した二度目の憲法改正で、環境権等の「加憲」と政治的なバランスを取りながら、ついに憲法第九条の二項が削除され、日本は自衛のための軍事力を持ちうることが明確になった。自分の国はできる限り自分で守るという考えが常識化し、核保有は排除しつつも相当程度、侵略国に打撃を与えうる軍備が整えられてきた。日本の高い技術力を使って、第一撃に堪えられるよう地下のサイロに非核、ローコストのクルーズ・ミサイルを数十基装備すれば、侵略国に侵略を思いとどまらせうる抑止力となるという軍事専門家の意見に若い世代の日本人がアレルギー反応を示さなくなった。防衛政策についてBプランを研究する民間の研究者は、不幸にして隣国との間に偶発的な小競り合いが起きた場合に、相手の核攻撃を恐れるあまり、相手に屈服することなく、軍事的なエスカレーションに歯止めをかけるためには、日本の非核の反撃能力が、侵略国の大規模ダムや最悪の場合には原子力発電所へ向けられる可能性が確保されれば充分であると指摘している。

あえて言えば日本の長期的な安全保障政策は、日米同盟は堅持しつつ、変則的ながらスイスのような武装中立状態へ向かっているのかもしれない。在日米軍基地も大幅に削減され、何よりも沖縄県民は安堵している。日米同盟はきわめて健全な方向に変質し始めたようである。日本との関係が改善した結果、中国もロシアも拒否権を行使しなかったので、二〇二X年に日本も常任理事国のメンバーとなった。国連の平和維持活動への協力に対する国内の関心が高まり、大学や各地の勉強サークルで、ＰＫＯ活動に参加して帰国した自衛隊員の話を聞く会が盛んに開かれていると聞く。

大きく変わった日本の国内

最後に日本の国内状況を一瞥してみよう。大都市と地方はそれぞれ魅力を持ち、安全と利便性は遍《あまね》く行き渡っている。しかし何よりも眼につく大きな変化は日本全国津々浦々に外国人旅行者の数が激増していることである。観光収入も馬鹿にならない規模になってきた。日本の魅力が旅行者の印象から世界に認識され始めた。二〇二〇年に成功裏に終わった東京オリンピック・パラリンピックがこの傾向に拍車をかけたことは言わずもがなであろう。蛇足であるが、このオリンピックで日本を訪れた外国人は「自然の美しい国」「自然を愛し守る国」「平和を愛し和を尊ぶ国」「親切で礼儀正しい国民」という日本についてきわめて好意的な印象を持って帰国したようである。直前に採択された新憲法前文でこれらの日本の良さが書かれているので、子供たちも日本を外国人に説明するのが楽だったようだ。

日本文化は文化的にも人種的にも親近感のあるアジアに拡散して、直ぐに舞い上がる日本人の中には、今や日本的生活様式は第二次大戦後のアメリカ的生活を上回るぐらいであると自慢するものさえ現れて顰蹙《ひんしゅく》を買っている。

教育については、一流大学への進学が自己目的となる異常な状況は激変している。ある意味ではそれだけ生活が厳しくなったので世知辛くなったのかもしれないが、同時にいわゆる立身出世の道が多様化したことの影響が大きい。地道に研究してノーベル賞を受賞する研究者が引き続き生まれていることや、内外で起業して成功するものも多くなり、スポーツや芸術の世界では世界に名をなす人物が輩出していることが若者の心を捉えている。二一世紀に入って間もなく、日本は「大学の大競争時代」に入った。財政支出を削減するため、国立大学の私学化が、二〇二X年に断行され、私学も建学の精神に立ち返って、卒業生を動員して資金を集め、特色と魅力を出すのに知恵を絞った。地方大学は地域のニーズに特化したり、特定国からの留学生に特化して、生き残りを図った。

面白いのは「カリキュラム・デザイン設計」という名前の企業が生まれたことである。新しいコンセプトの学部作りには現役教授の抵抗があり、あまりにも時間がかかる。業を煮やしたある大学の若手教授のグループがカリキュラムを作る会社を起業し、海外の学者やコンサルティング会社も巻き込んだこの事業は大成功を収めた。大学経営者は、もし自分の大学で、この会社の開発した新学部を作らなければ、他大学に行ってしまう恐怖感から、この会社の事業に飛びついた。日本人が最も苦手な、交渉力をつける「バーゲニング・パワー学部」と銘打った新学部のコンセプトは、卒業生に語学力、ディベート力、交渉術、メディアトレーニングをつけるので即戦力になると評判になり、全国のローカル企業の派遣学生で直ぐに一杯になった。バブル時代の財界二世のボンボンのお遊び大学と異なり、ヨットの乗り方などは教えなかったが、一年の海外でのイマージョン語学研修もあり、モティヴェーションの高い学生はかなりの成果を示した。子供のいない資産家の中には、遺言によりスカラーシップを寄付することが話題になり、スカラーシップを受け取る学生を選抜する部分をアウトソーシングで行う会社も立ち上がるようになった。結局、大学大競争時代を八〇%程度の大学が生き残ったのである。東大や京大等の超有力国立大学は、私立であり、資産があり、かつ政府の研究支援もある大学院大学になってその名声は海外でもきわめて高くなった。これらの変化が生まれるに当たって、「特区制度」が文科省の規制を回避する上で役立ったのはいうまでもない。

官僚支配が崩れ、「やる気」が生まれる

私が第一章で厳しく指弾した「政低官高」と言われた官僚支配は、二〇三〇年にはどう変わっているだろうか？　徳川時代の雄藩官僚が変身した明治憲法下の天皇の官僚は敗戦をも生き延び、官僚支配の構造は昭和から平成へと続き、永遠に続くと思われていたが、その終焉、少なくとも終焉の始まりはついに訪れた。きっかけは意外な所から始まった。形骸化した国会答弁が国民を失望させ、メディアも国会討論に興味を失って行った。閣僚を国会に釘付けにして、失言を種に政局とすることに国民はしだいに飽きて、むしろ政党の政策綱領への関心を高めていった。ある年、勇気ある野党の国会対策委員長の決断で、国会の形骸化した審議過程に徹底的な変革が行われた。官僚は労多くして益の少ない国会答弁作成の作業から解放され、勉強や現場の視察に時間ができた。総理初め閣僚も外国に気楽に出向き、外国指導者との人間関係を築けるようになった。政治家も勉強する時間が増大した。これをきっかけに日本の官僚機構に変化が起こり始めたのである。官僚機構の情報独占がしだいに崩れ、シンクタンクが機能するようになって来た。官僚機構の中に対案を作る部局を設ける構想は、現業の重圧で苦しむ官僚側では意外に好評で、二〇二X年の官僚機構の再編成の中で実現を見た。脱官僚の「インテリ浪人」も増えて来て、官僚、シンクタンク、政党の政策立案組織、さらには官邸の総理補佐官の間で、優秀な企画能力を有する人物が出入りしながら活躍するのが普通になってきた。米国で見られるようないわゆる「回転ドア」が日本にもできたということである。

変化が起こる要因は他にもいくつかあった。財政危機の結果バラまく予算がなくなったことと「社会保障と税の一体改革」の成功の結果として、財政の健全化が進んだことが逆に財務省を頂点とする官僚の支配体制を揺るがすこととなった。国民の眼が厳しくなり「天下り」の機会がどんどん減り、役所の用意したいくつものポストを転々とする「わたり」はもう役人にとり夢のまた夢となっている。高級官僚に友人を持つことの功利性もしだいに低下していった。結果として優秀な人材が官僚にならなくなった。ただ権力志向から高級官僚になるものは減ったが、奉仕の精神に富み真に「やる気」のある人物が公務員になるという新しい傾向も生まれているようである。

他方低成長が常態化したので生産よりも分配への関心が高まった。国民はマクロの政策でなく地域レベルのミクロな分配により大きな関心を持ち、地域レベルでは現場感覚のある民間の意識と「お上」の意見の重みが逆転しだした。地方自治を巡る憲法改正論議が深まり、予算と権限を地方に委譲する方向へと地方自治のあり方が変化したこともあり、優秀な人材の地域へのUターンも増えだした。同時に地方自治体の首長や議会、さらに地方公務員に有能な人物の目が向いている。面白いのはお母さんたちが東大等の一流大学へ子供を送ることの負担に耐えられず、何時からかそのコストとベネフィットを考えるようになった。一歩踏み出す勇気を持つ母親はいつの時代でもいる。その結果、受験戦争から撤退に踏み切った家庭では、子供に多様性のある「動機付け」が生まれ、このことが子供を幸せにし、ひいては家庭も明るくなった。東大自体も学部レベルでは普通の大学となり、優れた大学卒業生が入る大学院大学に変身して、東大病は過去のものとなっている。新聞は東大入学試験問題に大きな紙面を割くことはなくなった。もっとも新聞は二〇三〇年には電子化していて、関心のあるものは直接に大学のホーム

お花見に興ずる日本人、上野公園、2014年

ページからその年の入試問題をダウンロードしている。

暗雲が晴れて「新江戸時代」へ

何れにせよ二〇三〇年の日本は成熟経済で成長はほとんどしていないが、二〇一〇年代に見られた生活の先行きについての言いようのない不安の黒雲が晴れて、穏やかな日差しの下の和んだ社会となったようである。高齢者はさまざまな趣味に生き甲斐を感じると同時に奉仕活動にも眼を向けている。かつて不幸の象徴だった、定年後の孤独な男性は姿を消した。隠居が幅をきかせる「平成元禄」と言われ出してもうどのくらい経つのだろう。何時の時代も若者は頼りないと言われるが、二〇三〇年の若者の素晴らしいところは、外国文化へのコンプレックスを克服して、自国に自信を取り戻したことであろう。働く意欲のあるものには職が確保され、リスクの高い職を選ぶものもいれば安定性を重視するものもいる。働き蜂の生活を送った挙げ句、定年後母親に「濡れ落葉」と嫌われ、孤独で惨めな生活を送った父親の後ろ姿を見て育った次の世代は、同じ過ちを繰り返さなかった。若い頃から趣味や地域のボランティア活動を熱心にやっていて、職場を離れた人脈も結構広い。女性は二〇世紀にその知恵を身に付けたが、二一世紀には男性も現役時代から職場以外のさまざまな人との絆を大切にするようになっている。若者の中には世界に飛び出すものもいるが、自分がやりたいことをやって幸せな生活をするというのが一般的な風潮である。

生活の質が高く維持され、「足るを知る」生活態度も再評価され、さまざまな伝統文化が復活し、花鳥風月を楽しむ老人が巷に溢れている。生活文化である日本文化は、定年後はもちろん、多くの現役の人の趣味の世界を彩っている。茶会がある時から復活し、暇な老人の小唄や清元の発表会、娘の琴のおさらい会、オペラのアリアを歌う同好の士の集まりへの招待が引きも切らず、ほとんど知らない人からも句集や小説、時には面白くもない「自分史」が送り付けられてくる。手料理で美味しい食事に招いてくれる人は評判がいい。祭りは言うに及ばず、町内会も結構盛んになり、日本人の地域社会への帰属性も回復しているようだ。

こんな日本を「新江戸時代」と揶揄するものもいるが、これは生活態度の問題で、もちろん殿様もいないし、かつて福沢諭吉が親の敵と呼んだ封建主義の片鱗もそこには存在しない。しかし二〇三〇年の日本社会は、循環型の江戸の経済に似た高度のリサイクル社会として世界にモデルを提供している。一八六八年の明治維新から一六〇年過ぎて、日本は疾風怒濤の時代を終えて、世界にも類例のない平和で安定した社会を築いたことになる。憲法の新前文はその基礎を築いた哲学の故に、諸外国で注目を集めるようになった。最大の心配は、日本人の持つ「鎖国」ＤＮＡがいつか姿を現すのではないかということであるが、今の私が二〇三〇年以降の日本について「先憂」するのは止めにしよう。

さて未来を夢想することは面白いので、思わず筆が走ってしまったことをお詫び申し上げる。さてこれが一片の夢物語となるか大化けの正夢となるか？　私個人は二〇三〇年には、地方のどこかの介護施設で悠々とした生活をしているか、あるいはお墓の中かもしれない。日本が憲法前文の改正をきっかけに「良い循環」に入れたかどうか、石の下でも楽しみに見守っていることにしよう。

（１）日本の強靭な回復力については、滞日特派員を長く経験した英国紙フィナンシャルタイムズ紙のアジア編集長デイヴィッド・ピリングが日本についてのステレオタイプの観察を打破すべく膨大なインタビューに基づいて執筆した著書の表題を『日本・喪失と再起の物語』（原題 *BENDING ADVERSITY Japan and the Art of Survival*）としていることからも明らかであろう。上下巻、早川書房、二〇一四年

（２）この運動の歴史と将来展望については池内恵著『イスラーム国の衝撃』文春新書、二〇一五年に詳しく述べられている。

（3） 酒井三郎『昭和研究会　ある知識人集団の軌跡』TBSブリタニカ、一九七九年、八六―八八頁。かつて普墺戦争の時、プロイセンの宰相ビスマルクが、ウィーンを包囲したプロイセン軍に、オーストリアの面子《めんつ》を損わないようにウィーン入城を差し控えさせた故事がある。後の普仏戦争においてオーストリアはプロイセンに味方した。
（4） 元外交官の孫崎亨は一貫して日本の領土問題を国際司法裁判所の判断に委ねることを主張している。孫崎亨『日本の国境問題』ちくま新書、二〇一一年
（5） 市村真一『皇室典範を改正しなければ、宮家が無くなる』藤原書店、二〇一二年、四〇頁
（6） 中尾佐助『栽培植物と農耕の起源』岩波新書、一九六六年、一四〇頁
（7） 簡単に紹介すると、（1）一九九〇年代の日本のように中国は自然に行き詰まり、脅威でなくなる、（2）一九八〇年代後半のソ連のように、米国と力比べをして、息切れして競争を断念、（3）一九三〇年代の日本のように国内強硬派を押さえられず、米国と衝突して、すべてを失う、（4）中国の拡張政策が続き、脅威を感じた周辺諸国と長い冷戦が続く、（5）一九世紀末の英米関係のように、米国が東アジア、西太平洋における中国の覇権を認めて、軍事力を引き上げるという諸仮説である。岡崎久彦著『二十一世紀をいかに生き抜くか』二〇一二年、PHP研究所、二六一―二六三頁

おわりに

現行憲法の改正については、この憲法が一九四七年五月に施行されてから、日本国内において実にさまざまな視点から数多くの議論が行われてきた。時の経過とともに、占領下に占領軍が作った憲法だから廃止すべきであるという主張は一般的に支持されなくなったが、一〇年ほど前から世論調査の結果では、憲法改正に賛成する者の比率が国民の過半を超えるようになった。しかし憲法をどういうやり方で、どの条項を、どう変えるのかという具体論になると、全面改正論から加憲論まで百家争鳴の状態である。一見議論は深まり、憲法改正に向けての準備も着々と整っているように見えるが、私には憲法改正の見通しは未だにまったく霧の中であるとしか思えない。

私は政治家でも憲法学者でもない一介の元外交官に過ぎない。ただ私は四〇年の外務省勤務の間に、勤務地も仕事の内容も大変に多様性のある生活を経験させて頂いた。外交官冥利に尽きたと有難く思っている。

今から六〇年以上前の、独立回復後間もない一九五八年に、オックスフォード大学で二年間学生生活を送るという貴重な体験をさせて頂いた。故吉田首相が、戦前の外交官の多くが語学が苦手で、苦労した日本外交を繰り返さないようにと、外交官試験合格者の全員を海外の大学で勉強させるという英断をされたお陰である。そのために私はアングロ・サクソンの人たちにまったく引け目を感じることのない外交官生活を送ることができた。英国には二度にわたり都合八年間勤務した。二度目の七〇年代末には、国際問題については世界で最も権威ある研究機関の一つである王立国際問題研究所（チャタムハウス）で、初の日本人として一年間にわたる研究活動を認められ、その時の論文「日本と西欧の間の貿易問題」を英語で出版するという経験もした。サッチャー政権成立後の自由経済主義的革命もつぶさに見聞できた。

アメリカについては、七〇年代初めのニクソン・ショックの時には、ワシントンの大使館で繊維交渉を巡る激しい貿易交渉の裏方を務め、またドルと金の兌換《だかん》停止に始まる円の切り上げの圧力を肌身に感じた。二度目の在勤は、日本の経済力がピークに達し、アメリカに激しい日本に対する反発が生まれていた八〇年代の終わりで、ニューヨーク総領事だった。しばしばテレビに出演して厳しい質問に答え、米国の日本への危惧の念を嫌と言うほど味わった。数多くあるシンクタンクやメディアとの継続的な意見交換の重要性も理解した。

最終ポストのイタリアの大使は、これまでと一変して、ラテン系の国での勤務で、私にとっては幅広い文明体験になった。一九九五―九六年にはイタリアにおける「日本年」を企画し、実現した。この関連で帰国後、イタリアが二〇〇一―二年に日本で展開した日本における「イタリア年」の日本側の裏方を務めた。この経験から私は先進国同士の文化交流の重要性を学んだ。

途上国世界との関わりは私の外交官生活のほぼ過半を占めた。役人最初の本省での仕事は先進国の援助政策の調整を行うＯＥＣＤの開発援助委員会の担当であった。一九六六年には日本が戦後主催した初の大型会議である東南アジア開発閣僚会議を経験した。課長時代には反日デモに遭ったあの田中総理の東南アジア歴訪に携わった。そして八〇年代の半ばには、海外援助の行政側の立案の責任者である経済協力局長として、大量に溜まった外貨の還流をも念頭に置いて、中曽根総理の下での大規模な援助計画作成に係わり、後年日本がトップドナーとなる路線を敷いた。途上国勤務はタイのみだったが、六〇年代末のバンコク在勤中は援助の出先の執行者として、いかに机上の計画が現場での苦労を伴うかを実感した。同時に国連の地域委員会であるエカフェへの常駐代表でもあって、アジア諸国に出張する機会にも恵まれた。

私は外務省勤務の中で二度にわたり国会との調整の仕事をしたので、永田町との付き合いが深く、立法府の内情、自民党政権下の政策作りの仕組み、財政資金の配分のやり方をつぶさに見聞できた。またニューヨークでの外国メディアとのやり取りを認められたのか、東京サミットの時の外務報道官として、内外メディアとの接触を経験できた。私の外務省での経験は、外国との関係に留まらず、内外メディア、シンクタンク、政治家との接触など多様な世界を知る機会をふんだんに与えてくれた。その間に私は外国を客観的に観察する習慣を身につけ、祖国日本もいわば「他者の目」で客観的に見る訓練もできたと思う。

このような経験をした後、九〇年代末に帰国し退官した私は、日本がバブルの崩壊によりまったく自信を失っているのを発見した。外国で暮らしながら日本を現代史の流れの中で見てくると、実に素晴らしい国となった祖国が、なぜ夢と希望を失って、このように惨めな停滞した漂流状況に陥ってしまったのか不思議でならなかった。その理由を私なりに考えると、日本が自己認識（アイデンティティ）を失い、自信喪失に陥った根本的な原因は、まったく無国籍の現在の憲法前文に責任があるという結論に到達した。

二〇一二年末に第二次安倍内閣が成立して以来、毀誉褒貶《きよほうへん》はあるけれども、日本は少しずつ変化を遂げ出した感がある。国民投票についての法案も成立し、投票年齢は近く一八歳まで引き下げられる。他方東アジアでは中国が目覚ましい経済的、軍事的台頭を遂げ、韓国では日本人の理解を超える反日感情が生まれている。日本の憲法改正は、日本だけの問題でなく、周囲の変化を織り込み慎重に進めないと、予想できない罠に陥る可能性を孕むという危険を感じる。

どうしたら還暦を遥かに超えた現行憲法を、二一世紀の厳しい国際環境の中で、国際社会の理解を得つつ、日本人に新たな希望を与えるものに改めていくかを、私の経験に照らし考えた末にできたのがこの小著である。

二〇一五年春
英　正道

著者略歴

英正道 はなぶさ・まさみち

1933年、東京生まれ。慶應義塾大学卒業後、1958年に外務省に入り、経済協力局長、外務報道官、ニューヨーク総領事、駐イタリア大使等を務め、1997年に退官した。鹿島建設常任顧問の傍ら、日本英語交流連盟、日本ヴェルディ協会の設立に尽力し、加えてアジア・欧州財団、ソニー教育財団、文化財保護・芸術研究助成財団、日伊音楽協会などの非営利活動を積極的に行ってきた。特に日本からの対外発信活動に強い関心を持ち、日本英語交流連盟のサイトに設けられたコラム「日本人の意見」で、志を共にする多くの有識者と、英語で日本人の意見を世界に向け積極的に発表してきた。著書に〝Trade Problems between Japan and Western Europe〟（英文）、『君は自分の国をつくれるか　憲法前文試案』（小学館文庫）がある。現在、公益財団法人日伊協会・名誉会長。

新平和憲法のすすめ
そして日本はどこへ

2015年4月24日　第1刷発行

著者　英　正道
装幀者　清水良洋(Malpu Design)
発行者　藤田　博
発行所　株式会社草思社
〒160-0022　東京都新宿区新宿5-3-15
電話　営業 03(4580)7676　編集 03(4580)7680
振替　00170-9-23552

本文組版　株式会社キャップス
印刷所　中央精版印刷株式会社
製本所　株式会社坂田製本

ISBN978-4-7942-2126-1 Printed in Japan　検印省略

造本には十分注意しておりますが、万一、乱丁、落丁、印刷不良などがございましたら、ご面倒ですが、小社営業部宛にお送りください。送料小社負担にてお取替えさせていただきます。